反日 vs. 反韓

対立激化の深層

黒田勝弘

角川新書

はじめに

日韓関係では昔から「反日感情」という言葉はよく語られてきた。韓国側には過去、日本に支配された歴史からくる日本に対する被害意識や悪感情、非難感情など否定的な気分があって、それが日本との関係においてしばしば表面化し、反日感情として両国関係を対立させたり、緊張させてきた。したがって韓国における反日感情の存在は日韓双方で周知のことだった。

そしてこの反日感情は対日関係のみならず、韓国国内の政治や社会をはじめいろんな分野にも影響を与えてきた。それは「親日的」とか「親日派」といった言葉が、今なお「売国」とか「民族的裏切り」を意味するものとして頻繁に使われていることからも明らかだ。したがって韓国で反日感情というのは、国内的にも対立者や反対勢力を非難する効果的な言説として昔から活用され、今なおそれは続いている。

これに比べると日本側の「反韓感情」とか「嫌韓感情」という言葉は比較的新しい。日本ではこれまで、過去の支配・被支配という歴史的負い目（？）もあって韓国の反日感情にはそれなりの理解があり、甘受し、我慢するところがあった。ところが近年、韓国における反日現象が目に余るようになり、甘受し切れなくなった。その日本の世論の気分が反韓感情である。

以前の日本では、反韓とか嫌韓という気分は韓国に対する差別とか偏見とされ、公言をはばかられるところがあった。一部では今なお「ヘイトスピーチ」などといって拒否感の対象になっている。しかし今やその言葉は、韓国から日常的にもたらされる「目に余る反日」に対する反作用として、市民権を得るにいたった。過去の日韓関係は韓国の反日感情だけが話題だったが、新たな日韓関係では日本の反韓感情が無視できない要素になった。

「最悪」といわれる日韓関係は、過去にはなかったこうした新しい構図によってもたらされている。「制裁」や「報復」などという言説の登場も新しい構図ならではである。そこで本書では新しい思考の試みとして、「日本人の対韓被害意識」の歴史を振り返るとともに「歴史まみれの韓国」と「歴史離れの日本」という観点で今後を考えてみた。

本書の前半は主に最近の日韓関係の実態を分析することで事態の展望を探った。そのなかでかねてから筆者のこだわりである「韓国ではなぜ天皇が〝日王〟なのか？」ということについて、令和時代の幕開けを機にあらためて論じている。これはとくに韓国のメディア（世論）の問題だが、筆者はこれが何とかならない限りまともな日韓関係は難しい、象徴的なテーマだと思っている。

後半は最近の韓国事情を中心にした分析、紹介である。もちろんそこでも日韓関係という視点は維持されているが、同時に「変わる韓国と変わらない韓国」を論じることで韓国をより深く知り、韓国と付き合ううえでのヒントを得ようと試みた。本書でも指摘したように日韓は宿命的に「互いに逃れられない関係」であり近年は「危うい関係」になっている。この危うさはなんとかしなければならない。

ところで新型コロナウイルスをめぐる事態では感染予防のため人と人との間の「距離置き」が強調されたが、日韓関係においてもそうしたある種の距離感が必要かもしれない。日韓は地理的にも歴史的にも文化的にも、お互いきわめて近い存在である。したがって「逃れられない関係」であるためともすると〝密〟になりがちだ。支配・被支配を含め日韓の歴史はそれをよく物語っている。その歴史的教訓は「深入りは禁物」である。

もともと国際関係において近隣同士は往来、交流、接触が多いため、お互いの様子がよく目につくし、何かと気になる。そこから摩擦や対立もよく起きる。これは日韓だけがそうなのではなく、世界地図的にみてどこでもそうなのだ。対立や緊張に際して感情傾斜を避けるためには、時にそうしたある種の達観も必要だろう。

近隣に対する感情傾斜と興奮は「深入り」という過剰な〝密〟を招くことがある。それは思考や判断の幅を狭め、対応を誤らせることになる。そうならないためには、月並みではあるがやはり相手を冷静にウオッチングし、よく知らなければならない。2020年のコロナ事態は日韓関係にもどこか今までと違った距離感をもたらしているように思う。本書はそんな〝距離感覚〟のなかで書かれた。

筆者の韓国生活は1970年代以来、40年以上になるが、今なお驚きと疑問、自らの不明確認そして刺激の毎日である。本書もこれまでの著書と同じくその尽きない刺激の産物である。韓国についての対コロナ風「距離置き」のためのささやかな作業として読んでいただければ幸いである。

反日vs.反韓　対立激化の深層　目次

第三章　果てしなき日韓擬似戦争の恨《ハン》——旭日旗とレーダー照射事件

DTP　オノ・エーワン

第一章

日韓は後もどりできない

――「歴史まみれ」と「歴史離れ」

「歴史のワナ」にはまった？

日韓関係最悪の絶頂となった2019年は嫌な予感があった。それはすでに韓国メディアのキャンペーンとして前年から始まっていたのだが、歴史が現実の日韓関係にあそこまで影響をおよぼすとは、到底予想できなかった。日本のコリア・ウオッチャーの間では昔から韓国を皮肉るのに「歴史まみれの韓国」という言葉がある。2019年はこれが「日韓関係の最悪」に大きな役割を果たしたのだ。

韓国で2019年は「3・1独立運動100周年」の年だった。官民挙げて歴史まみれの国においては、「100周年」という数字はことのほか人びとの感情を刺激する。しかも3・1独立運動は、日本の支配に抗して果敢に戦ったという、民族的でかつ英雄的な出来事として歴史に刻まれ、語り継がれてきた。

その100周年を記念すべき年となると、世論としては日本に対する否定的な気分がいやが上にも盛り上がる。韓国における反日という〝歴史のマグマ〟がもっとも噴出しやすい環境ということである。

そんな危うい年に、日本は近年の国内世論の対韓感情悪化を背景に、日韓関係においては史上初めて韓国に対する〝制裁〟という外交カードを切った。日本側としてはいわゆる「徴用工補償問題」という当面の外交課題の解決を目指した外交圧力として持ち出したカードだったが、結果的には韓国側の「歴史のワナ」にはまってしまった。

ただ、韓国側にもこの時期、反日カードを必要とする国内事情があった。歴史を効果的に使うことによって日本の圧力をかわし、かつ愛国キャンペーンに仕立てて民心の政権への求心力を維持しようとした。

韓国にとって3・1独立運動100周年は絶好の反日・歴史カードになった。日韓関係最悪という現状は、日本がもう韓国に遠慮しなくなったという意味で「歴史離れの日本」と、逆にいまだ「歴史まみれの韓国」という、双方の「反韓」と「反日」によるこれまでにない日韓激突のガチンコ外交の結果である。


100年経っても反日をやめられない歴史まみれの韓国に対し、日本は「もういい加減にしろ」という歴史離れで対韓制裁外交に踏切ったのだが、その結果、日韓関係は過去とは違った画期的な展開になった。

日本にとって韓国はこれまで、歴史（贖罪《しょくざい》意識？）を背景にいつも「遠慮」と「配慮」の対象だった。日韓関係が対立や葛藤《かっとう》で悪化した時は、韓国側は不満と怒りを日本にぶつけ、これに対し日本側は「まあ、まあ」というなだめ役に終始し、自己主張や制裁などという発想はなかった。それが大きく変わったのだ。

今回の関係悪化は、過去とは逆に「日本人が怒っている」ことからもたらされたといっていい。それがついに制裁にまでつながった。これは韓国への配慮がなくなったということだが、それは日本が韓国を対等の存在と位置付けた結果でもある。大きく強くなった韓国はもう過去の韓国ではない。そんな韓国にいつまでも遠慮と配慮もないだろう——歴史離れの日本には当然、そうした韓国観の変化が影響している。

筆者がソウルでながめていて感じるのは、世論としていえば今や韓国の反日感情より、日本における韓国批判や非難の感情の方が強い。韓国の反日はこれまで見慣れてきたことの延長という印象であるのに、日本の反韓あるいは嫌韓は近年、急速に広がった感じで、より厳しい。韓国の場合、過去の日本統治（近代化）や日本の影響力によって、昔から日本には先進国イメージがあり、一方には肯定的な感情（親近感！）が潜在しているのに比べ、韓国に対する日本にはそれがない。

日韓関係の新しい構図は、主に日本側の変化によってもたらされたことになるが、過去にはなかった新しい状況だけに打開策はなかなか見つからない。「不満の韓国を日本がなだめる」という旧来の図式では、経験の積み上げによって関係改善の落としどころはそれなりにあった。ところが日本の怒りと不満が大きいという新しい構図では、そのノウハウがないのだ。

歴史まみれの韓国はいわば〝歴史絶対主義〟であるため、歴史離れの日本に対しては理解がない。いや理解しようとしない。その結果、韓国の対日外交は相変わらず手馴《てな》れた、そして気楽な歴史カードにしがみつき、反日ばかりが繰り返される。その結果、日本の対韓外交は韓国の反日と日本の嫌韓を両方同時になだめるという、過去にはなかった課題に直面していることになる。

こうした新しい構図のなかで日韓関係はどう展開するのか、どうあるべきかが本書のテーマになるが、ここではまず、日本が対韓外交のカードとして初めて使った〝制裁〟が何をもたらしたのか、中間決算的に損得勘定のようなものを探ってみる。

大統領が史実を無視

まずは冒頭で触れたように、日韓激突の背景になった韓国側の事情である「3・1独立運動100周年」のことを押さえておきたい。歴史まみれの韓国では、歴史はいつまでも生きていて、現実に影響を与え続けている。外交でもビジネスでも、恋愛でもケンカでも、相手を知らなければうまく対応できない。展望は現状をしっかり踏まえることからしか出てこない。その意味で韓国との外交において〝歴史事情〟というのは今なお絶対にはずせないのだ。

以下、100年前の「3・1独立運動」が100年後の日韓関係に与えた最悪の影響という話になるが、まず100年前のことをおさらいしておく。

100年前とは1919年で日本では大正8年である。韓国併合(1910年)で始まった日本統治時代の初期にあたるが、この年の3月1日をきっかけに、日本の支配に対する抗議運動が全土に広がった。

その実態については、韓国の政府機関である「国史編纂《へんさん》委員会」が100周年を前に2019年2月に発表した研究資料がある。それによると、2カ月間にわたって全国(海外も含む)で約1700件の集会やデモがあり、日本の官憲による〝弾圧〟によって推定で「最大934人、最小725人の死者」が出たとなっている。

ちなみにこの犠牲者の数字については興味深い経過がある。韓国ではこれまで歴史教科書など公式歴史観においては、独立運動家が残した著書(朴殷植著『朝鮮独立運動の血史』)による「7509人」が長い間、定説となっていた。それを今回、政府次元で訂正したのだ。

これまで国民に信じられてきた被害の定説は何と10倍以上も膨らまされた数字だったというわけだ。当時、朝鮮総督府の資料では「553人」だったというから、むしろ日本側の数字が事実に近かったということか。韓国でも事実接近への努力が見られるというささやかな(?)例である。

数字はともかくとして、韓国では今なお3・1独立運動は輝かしい民族史として称《たた》えられ、3月1日は国家的記念日として公休日に指定されている。毎年、官民挙げての大々的な記念行事が行われてきた。そして100周年は「歴史まみれ」の人びとにとってはことのほか意義深い。

しかも3・1独立運動は日本の支配に抗議し、果敢に戦いを展開した民族的かつ英雄的な出来事になっているため、気分は高揚せざるをえない。

教科書的にいえば、日本の敗戦・引き揚げによって日本支配から解放された1945年の「8・15光復」は、わずか1、2行しか記述されていないが、日本と戦った3・1独立運動ははるかに詳しい。日本帝国主義ということで「日帝時代」といわれる日本統治時代の35年の歴史は、韓国では日本に支配された惨めな時代というより、日本と戦って勝ったむしろ〝輝かしい時代〟として教えられているのだ。

いわゆる日帝時代は、近年、日本に強制的に占領された時代として「日帝強占期」というのが正式名称になっているが、その時代相は「抗日独立戦争」の時代として記述されている。その結果、1945年の日本支配からの解放（光復）も、近年は自らの戦いにより自力で実現したかのような見解が広がっている。

教科書では「8・15」についてはこれまで「連合国の対日戦勝によってもたらされたもの

だが、当時にわれわれの粘り強い独立闘争の結果でもある」と、いわば苦肉の両論併記になっていたのだが、それが今や自力解放論に傾いているのだ。

その代表例が文在寅《ムンジェイン》大統領である。2018年の「8・15光復節記念演説」ではついに「光復は決して外からもたらされたものではありません。すべての国民が等しく力を合わせて成し遂げたものでした」と断定するにいたった。前年の演説では単に「光復は与えられたものではありません」としていたのを「外から」を加えて自力解放を強調したのだ。

ちなみに文大統領は3・1独立運動100周年の記念演説では、先に紹介した犠牲者の数を相変わらず「約7500人」と述べ、日本側のひんしゅくを買った。

大統領が自国の新たな研究結果をまったく無視しているのだ。日本糾弾のためには犠牲者の数字は多い方がいい？　8・15自力解放論もそうだが、韓国人の特異な歴史観である「あるべき歴史」の一例である。

抗日精神の刷り直し

ところで韓国には「歴史の正しい立て直し」という言葉があり、金泳三《キムヨンサム》政権（1993―98年）のようにそれを国策として推進したこともある。そこで「正しく立て直された歴史」は「正しい歴史」ということになるが、別の言葉でいえば実際にあった事実より「こうあるべきだった」が重視されるということだ。

歴史とは過去にあった出来事だから、本来は正しいも正しくないもない。あるがままに受け入れなければならないはずだが、韓国人の歴史観ではそうはならない。気に入らない、嫌な歴史については「本来こうあるべきだった」という「正しい歴史」に代えたい、あるいはそれに近付けようとする。

つまり韓国人の歴史観は〝後知恵〟なのだ。その結果、われわれ的観点でいえば歪曲《わいきょく》や誇張があふれることになる。

「8・15光復」でいえば、韓国の独立運動とは直接関係ない「連合国の対日戦勝によってもたらされた」が動かせない事実だが、これは嫌な歴史だから「あるべき歴史」「正しい歴史」である自力解放にしたい。その結果が大統領演説である。

気分のいい話なので誰も文句をいわない。この演説内容を歴史学者が批判したという話もない。

したがって韓国では日本支配下の歴史は抗日独立戦争の歴史である。なかでも日本と果敢に戦った3・1独立運動こそ民族としてもっとも誇るべき歴史である。それが最後には「光復」をもたらしたのだから、永遠に語り続けられるべき輝かしい歴史ということになる。

その100周年ともなると歴史の総ざらいが行われ、当時の「戦い」ぶりがあらためてこれでもかこれでもかと紹介される。

とくに3・1独立運動は、抗日テロや抗日武力闘争のような外地での一部の運動ではなく、多くの人びとが加わり各地で長期間続いたものだったため、民族を挙げての運動というイメージで称えられてきた。

100周年にあたって新聞・テレビなどメディアは前年からキャンペーン的にその戦いの場面を再現し、それが「民族の力」として繰り返し強調された。

この年、テレビでは3・1独立運動や抗日テロをはじめ抗日闘争の様子が、記録のみならずドラマや映画の創作映像まで動員され、英雄伝、偉人伝として毎日のように語られた。その締めくくりのセリフはいつも「私たちはあなた方の魂を決して忘れません」だった。各新聞に出された財閥企業の数多くの全面広告は「100年を引き継いでくれた英雄たちの名前は永遠に記憶いたします」というセリフで飾られていた。

歴史まみれの韓国における2019年は、つまるところ「われわれは日本とよく戦った」「日本には戦って勝ったのだ」という、どこか気分のいい意気揚々、意気軒昂《けんこう》な雰囲気にあふれていた。それは当然「日本何するものぞ!」という心理につながる。

そんななか突然、飛び込んできたのが、日本の韓国に対する貿易管理強化という〝制裁〟だった。

これに対し韓国は、まるで日本による〝宣戦布告〟であるかのように即刻、過剰反応した。季節はちょうど夏。韓国の夏は毎年、8・15に前後して「日帝時代」の「日本の蛮行」と「解放への戦い」を振り返る歴史の刷り直しが行われ、反日愛国ムードがかもし出される。3・1独立運動100周年に8・15の夏が加われば、歴史のマグマは待ってましたとばかり噴き出す。

100周年に経済宣戦布告

日本の対韓制裁は、半導体素材の輸出管理強化（7月1日）と、戦略物資輸出に関する優遇措置「ホワイトリスト」からの韓国除外（8月2日）だった。日本政府の公式説明は、安全保障（つまり軍事）問題にかかわる輸出品の韓国における管理体制改善を促す経済的措置であって、制裁にはあたらないというものだった。

しかしカタチはそうであっても、実質的には外交懸案である徴用工補償問題の解決を韓国側に促すための圧力手段だったことは間違いない。筆者は韓国でのインタビューや討論では一貫してそう語ってきた。

徴用工補償問題（韓国最高裁判決）について日本政府は、日韓関係の基本である1965年の国交正常化の際の条約で解決済みの立場だ。しかし文在寅政権は日本政府の条約上の問題提起を無視し、無対応・無策が続いていた。日本はこれに焦《じ》れたのである。

そして背景にはこの間、日本世論に堆積《たいせき》した反韓・嫌韓感情がある。外交的懸案解決のために、経済（貿易）問題を援用した外交圧力というのは、外交手段としては時にありうる。

韓国側の反応は予想通りで、経済を通じた〝韓国イジメ〟だとして官民挙げての日本非難となった。メディアには「経済宣戦布告」「経済戦争」「経済侵略」「韓国経済潰《つぶ》し」……などいった反日言辞が躍り、人びとの対日興奮を煽《あお》った。

ここで重要なのは政府やメディアが「戦争」という言葉を多用していることだ。すでに指摘したように、これは明らかにこの年の3・1独立運動100周年キャンペーンにおける「日本とよく戦った」という歴史観に基づく社会的雰囲気を背景にしている。

ちなみに新聞には「日本の経済報復―われわれは100年前の歴史を記憶している！」といったでっかい意見広告が出ていた。

文在寅大統領は当初は比較的おとなしかった。日本が歴史問題（徴用工問題）を経済問題に結びつけたと非難し、「歴史問題はポケットの中のキリのように時々われわれを刺して傷つける」とし、「（今回の措置は）韓国の経済成長を妨げたことに等しい」「結局、日本経済の方により大きな被害が及ぶことを警告する」「過去われわれは幾度も全国民が団結した力で経済危機を克服したように、今回も困難に打ち勝つだろう」などと語っていた（7月15日、大統領官邸での幹部会議発言）。

「警告」などというのは、米国や中国相手ではいくらイジメられても決していわない。日本に対してだけのいつもの強がり（？）である。

この時の発言では「相互依存と共生で半世紀にわたって積み重ねてきた韓日経済協力の枠組みを壊すものだ」という批判もあった。しかし「両国間の国家的枠組み」をいうのなら、日韓関係最悪の核心的背景である徴用工補償問題について、日本政府は「両国関係の基本的枠組みを壊すものだ」といって繰り返し韓国政府の対応を求めているのに、文在寅は無視し続けてきた。

8月に入って日本側が第2弾として「ホワイトリスト除外」を発表すると、韓国側は満を持していたかのようにさらなる大々的な反日キャンペーンに乗り出した。

しかし半導体素材の輸出管理強化も「ホワイトリスト除外」も、韓国に日本製品を輸出しないという禁輸措置ではない。

前者はわずか3品目についての手続き強化であり、後者は戦略物資に関するこれまでの手続き上の優遇措置から韓国をはずしたに過ぎない。これによって一部の日本製品の輸入に若干の手間ヒマはかかるものの、それで韓国の産業界が死活にかかわる大打撃を被るものではない。

その証拠には、当初の「韓国経済潰し」などといった大騒ぎにもかかわらず、その後は「素材産業の育成」とか「対日依存度改善へ」といった話はあっても、韓国経済が潰れるほどの被害状況などはまったくといっていいほど伝えられていない。

後章で詳しく触れるが、その後の韓国世論は日本による制裁の被害より、対日報復としての不買運動による日本に対する〝加害〟の方に関心が向かっている。

制裁に喜んだ文在寅

つまり韓国はこの時期、日本の制裁をチャンスとして官民挙げて反日愛国気分を楽しんだのである。そこには政権後半に向け思い通りにならない政治情勢を背景に、民心を糾合し政権への求心力を高めるという政権の政治的計算が間違いなくあった。

したがってホワイトリスト除外が発表された時、文在寅はおそらく「これはいける！」とほくそ笑んだに違いない。彼はこう語っている（8月2日）。

「事態の責任は全面的に日本政府にある。日本の措置は明白な貿易報復である。加害者の日本が、盗人《ぬすっと》猛々《たけだけ》しく大声を上げるのを決して座視しない。日本の不当な経済報復には相応の措置を断固取る。日本も大きな被害を甘受しなければならない」

「経済がさらに難しくなったが、わが企業と国民にはそれを克服する力量がある。われわれは二度と日本に負けることはない。十分に日本に勝つことができる。われわれの経済は日本の経済を上回ることができる。挑戦に打ち勝った勝利の歴史を国民とともにもう一度作り上げたい」

歴史を持ち出して「加害者の日本」を強調し「日本に負けるな」「日本に勝とう」「いや勝てる」と実に声高だった。

大統領の反日・歴史カードに世論がどう反応したか、世論の動向という意味で新聞（8月3日付）の見出しを紹介すると、政権支持の左派系ハンギョレ新聞は一面ぶち抜きで「経済戦争を選択した安倍《あべ》、文大統領は〝負けない〟」とある。政権批判派の保守系・朝鮮日報も一面ぶち抜きで「文大統領〝受けて立つ、二度と日本には負けない〟」と戦いムードを煽った。

そのほか中央日報も全面展開の報道で「〝韓国は友好国ではない〟と安倍が挑発、文大統領は〝全面戦を宣言〟」と戦いムードで伝え、東亜日報も「文大統領〝加害者日本は盗人猛々しい、二度と日本には負けない〟」とケンカ腰だった。

余談だが、大統領発言で「盗人猛々しい」という表現について日本では文在寅批判の声があがった。日本のほとんどのメディアは「盗人猛々しい」と伝え、それが見出しになったところもあって日本人の反韓感情をいたく刺激した。

原文は「ジョクパンハジャン（賊反荷杖）」で「泥棒がかえって鞭《むち》を振るう」という「居直り」の意味だ。政治的場面を含め日常的によく使われる。辞書的には「盗人猛々しい」という訳が多く、それで間違いではない。

しかし言葉にはそれが使われる際のニュアンスがある。今回、ニュアンス的には「居直り」が近かったと思う。日本語的にはかなりきつい「盗人猛々しい」という感じでは必ずしもなかったのだが、文在寅に対する批判感情が強い日本のメディアが「盗人猛々しい」という訳に飛びついたのだ。

ただ似たような例は逆でもある。以前、安倍首相が国会で、野党議員から慰安婦問題の解決策の有無を質問され「毛頭考えておりません」と答えた。この時、韓国メディアは「毛の先ほども考えていない」と直訳調で伝え非難した。

日本の使用感でいえば「まったく考えていない」という訳が順当なところだったが、韓国メディアは日ごろの〝安倍憎し〟の感情から強い表現を使ったのだ。

また安倍首相が記者会見で対韓外交の今後について「微塵《みじん》も変わるものではありません」と述べた際も、韓国では「少しも変わりない」「まったく変わりない」でいいものを、わざわざ「埃《ほこり》ほども変わりない」と訳して伝えている。安倍首相を悪者に仕立てるため強い表現にしたのである。

対日自尊心外交の危うさ

「日本と果敢に戦った」「光復は外からもたらされたものではない」とする3・1独立運動100周年のこの年、日本の制裁に対し〝宣戦布告〟した文在寅政権は、その後、日本への報復として日本との軍事協定であるGSOMIA（軍事情報包括保護協定）の破棄決定を発表した（8月23日）。3・1独立運動100周年の反日愛国気分の高揚を背景にした「日本何するものぞ」という民族主義外交の具体化である。

これは内外を驚かせた。ウワサはあったけれど韓国内でも「まさか」論が圧倒的で、安保問題まで犠牲にして日本に仕返しするとは想定外だった。

というのは、朝鮮半島の安全保障問題と直結するGSOMIAは米国がらみであって、その破棄は日米韓3国協力体制に支障をもたらす禁じ手だったからだ。米国は当然、ウワサの段階から強い懸念を表明し文政権を牽制《けんせい》していた。

米国の意向まで無視した反日発想には当然、政権内部でも異見があった。最終決定のNSC（国家安全保障会議）でも賛否両論が対立したといわれ、結局、反日優先の民族主義派あるいは民族自主派が、破棄に批判的な国際協調派を圧倒し、大統領はそれに乗っかったというわけだ。

破棄決定に米国は驚愕《きょうがく》し再考を促した。ワシントンでは失望、批判の発言が相次ぎ公式、非公式の両面で韓国への圧力を強めた。

結果的には協定が破棄で効力を失う3カ月後の直前、それまで「日本何するものぞ」と対日強気発言を繰り返してきた文在寅が、今度はこれまた大方の予想に反し突然、破棄留保を発表した（11月22日）。

韓国のメディアはGSOMIA破棄をめぐる3カ月間を〝外交的事件〟と表現していた。文在寅政権の〝独り相撲〟に終わったことになるが、常識を超えたあの外交はいったい何だったのか、今もナゾめいている。

文政権は破棄決定の発表に際して、日本は貿易管理強化の理由として、戦略物資の取り扱いなど安保上の信頼性が損なわれたからと主張しているが、そんなに韓国が信頼できないというなら日本との安保上の情報交流などできない――といった論理を展開した。

いわば「売り言葉に買い言葉」だが、韓国メディアは、韓国側の立場を〝自尊心〟と解釈していた。自尊心とは韓国人の大好きな言葉だが、これは心理であり感情である。自尊心はとくに民族感情がからむ外交ではよく使われ、日本相手ではおなじみの言葉である。

それにしても、GSOMIA破棄という安保カードを切れば、問題が日韓関係のみならず米韓関係に飛び火することは誰が考えても分かる。したがって事態はそのように展開したため結局、韓国は米国の怒りを買ってホコを収めざるをえなかった。

韓国の外交とくに対日外交は、時に実利ではなく自尊心などという感情で動かされる。だから日韓外交はいつも予測が難しく、どこか危うい。

反日扇動は官製民族主義

文在寅は先に紹介した発言でも明らかなように、日本との関係を相変わらず加害者・被害者の図式で考えている。これが歴史まみれということだが、この時期、日韓の外交対立を指してメディアには「第2の抗日独立戦争」などといった言葉がよく登場していた。「日本には再び負けない」などという言説はそれと同じ気分である。

ＧＳＯＭＩＡ問題をめぐる自尊心という感情もまた、この年3・1独立運動100周年を背景にした「日本何するものぞ」という国家的、社会的雰囲気と決して無関係ではなかった――というのが筆者の総括である。

と同時にこの夏の文在寅政権の反日カードには、内政上の理由も明らかにあった。

韓国では昔から、日本との関係が悪ければ大統領の支持率は上がり、良ければ下がるという見方があるが、今回もそれが指摘されていた。韓国のメディア（7月24日付、中央日報）

は歴代政権下の世論調査を引用し、そのことをそのままの見出しで伝えていたが、ＧＳＯＭＩＡをめぐる3カ月は、内政上で重大な危機に陥っていた。

その詳細は後章で触れるが「曺国《チョグク》スキャンダル」である。文大統領は、側近の一人で有力後継者に想定していた曺国を、疑惑を無視して強引に法相に起用したことから世論の怒りを買い、激しい反政府デモに見舞われた。曺国疑惑は文在寅にとって政権の存在理由まで問われる、初めての政治危機となった。

そこで〝反日愛国カード〟によって世論を方向転換させ、政権に対する非難をかわそうとしたのだ。日本との経済戦争という〝国難ムード〟のなかで、国民団結を叫んで民心をあらためて政権に引きつけようとした。日本を敵に見立てればいつも世論はついてくるというわけだ。

曺国問題をめぐっては文在寅支持と批判で世論は二分された。双方が連日のように大規模な集会・デモで対抗し合ったが、親政権デモには「文大統領支持」「曺国守護」に混じって「ＮＯ　ＪＡＰＡＮ！」「ＮＯ　ＡＢＥ！」のプラカードがあふれた。

逆に反政権デモには「官製民族主義反対」「文在寅の反日扇動にだまされるな」のスローガンが見られた。国内政局に反日カードを利用する旧態依然の手練手管に、食傷している向きもあるのだ。

史上初めての対韓制裁で生まれた日韓関係の損得勘定はまださだかでない。とりあえずの結果は、歴史まみれという従来通りの韓国の激しい反発つまり反日風景だけが印象に残る。制裁はむしろ対日報復として「ＧＳＯＭＩＡ破棄」のような極論まで誘発し、さらに次章で詳しく触れるが、過去にはなかったような反日不買運動の激化という、面倒な反動も招いた。

歴史カードの無力化

冒頭でも書いたように、したがって日本は韓国の「歴史のワナ」にはまった感じがしないでもない。では制裁はやはりまずかったのだろうか。詳細は次章に譲るが、ここでは「歴史のワナ」ということについて考えてみたい。

韓国の反日は歴史カードである。歴代政権ともいつも歴史で日本に対抗し、民心（国民感情）を刺激し、扇動し、世論をまとめることで権力を維持しようとする。

朴槿恵《パククネ》前大統領は「千年経っても加害者と被害者の関係は変わらない」といい、すでに紹介したように文在寅大統領も、同じく「日本は加害者」であるから日本の自己主張は「賊反荷杖（盗人猛々しい？）」だといって日本を非難した。

そして彼らは過去の対日外交経験から日本は歴史カードに弱いと思っている。対日関係ですぐ歴史を持ち出すのはそのせいである。しかし彼らは近年の日本人の歴史離れの現状を知らないし、理解しようとは思わない。その意味で制裁は、対韓歴史離れという日本の現状を韓国に理解させるための一つの決断だった、といっていいだろう。

日韓関係における日本の歴史（過去）離れには、韓国の変化が間違いなく影響している。経済発展した韓国は大きく、強くなり、国際的に存在感を増し、外交力も拡大している。韓国は国際的にはもう弱者ではない。その結果、国際関係における加害・被害の図式でいえば、もはや被害者の方ではないのだ。韓国自身、大統領をはじめ「今や韓国は支援を受ける国ではなく支援をする国になった」と誇っている。

なのに日本が相手となると歴史カードをたてに、とたんに被害者の立場に逃げ込む。日本側は大きくなった韓国の存在感を前に、逆に被害意識さえ感じるようになっているにもかかわらずだ。国際的にも経済、外交、スポーツ、文化……など韓国の威勢が目立つなか、いわゆる歴史認識でも日本では「韓国によって不当におとしめられている」という被害感情が生まれている。

そして大方の日本人は、そんな韓国を相手に歴史（贖罪意識？）を理由にした遠慮や配慮はもう不要ではないかと考えはじめたのだ。その結果、韓国による理不尽に対してはこれまでのような配慮や遠慮ではなく、時に制裁や報復もありうべしとなった。

韓国だって今回、日本の制裁に対し、日常生活に浸透し定着した日本製品の不買運動や日本観光拒否で、明らかに報復している。これは韓国の日本に対する存在誇示である。GSOMIA破棄カードもまた、その当否は別にして同じく韓国の存在誇示だった。

歴史まみれの韓国は依然、日本に対しては自らを永遠の被害者に位置付ける歴史カードを駆使し、対日関係を乗り切ろうとする。これは日本にとっては対韓外交におけるガンみたいなものである。この歴史という「病い」が持ち出されると関係はこじれる。韓国が歴史離れしないのなら日本が「もう昔の韓国ではないでしょう」といって歴史離れするしかない。日韓関係の新しい構図で日本が目指すところは、韓国の歴史カードをいかに無力化するかである。「無力化」は「無効化」でもいいが、効果が弱まる、効果が出なくなるようにするということだ。

お互い歴史離れしない限り新しい日韓関係は開けない。今回の制裁は激しい反発を招いたが、制裁が実際に具体化したことに韓国では官民とも「日本が韓国に対しそこまでやるようになったか……」と驚き、どこか時代の変化を感じさせられた。日本もまさに「もう昔の日本ではない」ことを韓国に印象付けたのだ。この効果は確実にあった。制裁は、韓国に対する「歴史カードの無力化」という歴史離れに向けた、日本外交の試行錯誤の一環だったのである。

第二章

反日不買運動と「日本隠し」の真相

――制裁と報復を検証する

輸出規制がなぜ侵略か

韓国における執拗《しつよう》な「反日」について日本では韓国の学校教育に問題があるとする見方が有力だ。たしかに育ちゆく世代に愛国心や民族としての誇り、自信を持たせるため、歴史教育にはことのほか熱心だ。その歴史教育では、日本を悪者に仕立てて「日本とはよく戦い、勝った」と教え、さらに「だから日本には負けるな」「日本に負けないよう頑張ろう」という元気付けが行われてきた。

したがって反日は、韓国においてはいつも「元気の素《もと》」だった。

ただ教育からくる日本についての固定的、図式的な悪者イメージだけがいつまでも残るわけではない。新たな情報が入ることで変化が生まれるが、その境目はだいたい大学2年ごろといわれる。教育的情報以外にいわば社会的情報が入ってくるからだ。そして社会人になるとメディア情報や職業体験、さらには海外旅行などの直接体験によって日本イメージは多様化する。

したがって対日感情の変化には、原理主義的な学校教育以降の情報が重要になる。とくに教科書など学校教育では教えない日本についての肯定的情報が、その変化を促すことになる。そこのところが韓国ではどうなっているのだろう。この章ではそのことを考えてみたい。

２０１９年夏、日本の対韓外交においてある種の制裁が行われた際、韓国ではまず「経済侵略」「技術侵略」「韓国経済潰《つぶ》し」……などという反発から反日感情に火がついた。しかしコトが経済だったため、問題の背景には韓国経済の対日依存度の問題があると分かった。

となると反日という敵対感情だけで対応しても仕方ない。制裁という〝侵略〟を受けないためには対日経済依存から脱却することを考えなければならない。そのためには自ら技術開発を進めたり、対外経済関係の多角化が必要だとなった。

これは韓国における反日感情の沈静化過程でよく見られる〝自助論〟であり、いわゆる「反日から克日へ」というパターンである。当初、日本による制裁に対し愛国扇動として「経済侵略」論が幅を利かせた韓国のマスコミ報道から、経済問題がその後姿を見せなくなったのはそのせいである。経済での日本非難は泣き言であり、対日依存を自白するようなものだからだ。

ちなみに「克日」とは「日本を克服する」という意味だが、これは１９８０年代初めの最初の歴史教科書問題の際、高潮した反日感情を収拾する言説として初めて登場した。それ以前には存在しなかった用語だったが、以後、今日に至るまで対日論の一環としてよく使われるようになった。

日本による対韓貿易管理強化という外交的な制裁に対し、韓国では官民挙げて「経済侵略」と非難した。韓国が経済的被害を受けるということで「侵略」といったのだが、これはどこかおかしい。この経済侵略論についてはこんなエピソードがあった。

日本の制裁を受けて反日気運が高まり、政権与党に「日本経済侵略対策特別委員会」という組織が登場した。韓国政治によくある世論便乗の「反日ポピュリズム」だが、国会議員などその代表たちが反日を対外アピールしよう、とソウル外信記者クラブに会見にやってきた。

その席で筆者は「輸出規制が日本の経済侵略というのはおかしくないか。品物を買えではなくて売らないというのだから、逆じゃないのか。左翼的な見方ではこれまでの日本経済の影響が侵略ではないのか。むしろ日本経済依存対策委員会にすべきではないのか」と皮肉ったのだ。

文政権および与党には左翼学生運動出身者が多く、会見に現われたのもそうした顔ぶれだった。だから「経済侵略」などという古臭い左翼的用語を気楽に使う。そもそも経済制裁を「経済侵略」などとはいわない。イランや北朝鮮だって、米国や国際社会からの経済制裁を「経済侵略」とはいわないではないか。

そして日本の制裁に対しては報復として日本製品不買運動が始まるのだが、これもまたどこかおかしい。「(半導体素材など)日本製品を売ってくれない」と不満、反発をいう一方で、

「日本製品は買うな、売るな」というのだからどこか矛盾している。

この切ない（?）矛盾は、やがて日本製品不買運動で明らかになる。テレビでしきりに反日不買運動を扇動し、その現場を熱心に取材、報道しているテレビカメラが、実はすべて日本製だったからだ。早速ネットを中心に皮肉られていたが、韓国世論の反日には一方でそんな自己揶揄《やゆ》の余裕（?）もある。

半導体産業の対日依存に驚き

不買運動の総括は後で触れるとして、日本が制裁第1弾として発表した半導体素材3品目に関する輸出管理強化は、韓国にとっては間違いなく衝撃だった。製品自体は素材だから一般にはまったくなじみのない「フッ化ポリイミド」「レジスト」「高純度フッ化水素」といった純化学製品で、普通の人にはピンとこない。しかし半導体生産に大きな支障が生じるとあって衝撃が走った。

周知のように半導体は輸出主導国・韓国の輸出品の中心である。関連製品のスマホを含め韓国経済を支えているといっていい。

問題の3素材は日本産が世界市場の70～90％を占めており、韓国ではそれぞれ94％、92％、45％の依存度になっていた。つまりこれら日本製素材がなければ、韓国の半導体生産はマヒしてしまうというわけだ。

韓国メディアは「韓国半導体の急所のすぐ脇を突き刺した」(7月11日付、朝鮮日報)と表現していたが、韓国経済が誇る半導体がらみだっただけに世論は驚いた。

そして対日依存度の問題として、韓国の全体輸入品4227品目のうち対日依存度90%以上が48品目、50%以上が253品目……といったさる経済研究所の資料なども紹介され、事態の深刻性が強調された。

その後、さらに制裁第2弾になる「ホワイト国リスト除外」では、軍事転用の観点で輸出優遇措置からはずされる可能性がある対象は1000品目以上となった(韓国メディア)。メディアは「日本は韓国の未来産業まで標的」などと危機感を煽《あお》った。

先に指摘したように日本の制裁は禁輸ではない。いずれも輸出管理強化であって、韓国にとっては輸入手続きに時間がかかるということに過ぎない。しかも韓国側で短期的には一定の在庫量があり、品目によっては他の国からの代替輸入もありうる。

したがってその後、反日キャンペーンの熱気が後退すると、被害の実態についての経済的関心は急速に薄れるのだが、次に紹介するように日本人的な観点でいえば、今回の制裁は意外(?)なところで効果を上げたと思う。

それは韓国人たちから直接、数多く耳にした話だが「わが国はそんなに日本にお世話になっていたのか！」という、嘆きにも似た驚きのことだ。

半導体製造関連のわずか3品目の素材で韓国は大騒ぎとなった。韓国経済を支える世界に冠たる半導体産業に、日本の影響がそんなに及んでいたとは——ほとんどの国民は知らなかったからである。


素材や部品は末端商品ではないために目に見えない。したがってそうした〝日本の影〟の実態は経済人や知識人でも関連のない分野の人びとは知らない。その驚きと衝撃を有力財界人から耳にした時は、逆に筆者が驚いたりしたほどだ。世論に影響をもつメディアにとっても、初めて知る衝撃の事実だった。

となると反日情緒の国では人びとの心情は複雑微妙になる。衝撃は当然、「半導体があれだから他の分野でもそうだろうなあ……」という思いになる。

その意味で当時、文大統領が面白いことをいっていた。半導体をはじめ素材、部品などの対日依存度が高いのを何とかしなければならないと、経済界などにしきりに国産化を督励して回った。その過程で素材や部品に関してこんな発言をしている。

「国内で十分に製品を生産できる能力があるにもかかわらず、企業が日本の協力に安住し、変化を積極的に追求してこなかったようだ」（7月24日）

過去を含め韓国の大統領が「企業における日本の協力」などと、日本の影響を認める発言を公開でするのは珍しい。おそらく文在寅にとっては、韓国の半導体製造における日本の影響力の大きさを知ったことで、思わずそうした発言になったものと思われる。

この発言を別の角度から解釈すれば、「日本の協力」というのは「サムスン（三星）」をはじめとする半導体を含む数多くの韓国企業に対する、日本からの素材や部品の提供を意味する。そして「安住」とは、韓国企業がそれら日本製品を苦労せず簡単かつ便利に入手してきたということである。

これは結局、韓国の企業および韓国経済がこれまで日本の協力に依存することで急速に発展し、世界に誇る輸出大国になったということを意味する。

文在寅は別の場面では、企業への元気付けのため「われわれはこれまで経済における日本の絶対優位を克服してきた」（7月22日）と自慢しているが、そうした「克服」という成果もまた、半導体企業でも明らかなように「日本の協力に安住」できたからこそ可能だったということである。

「日本隠し」が対日感情を歪めた

ところで韓国経済について「日本隠し」という言葉がある。日韓双方で定着している言葉ではないのだが、筆者は以前からよく使ってきた。この言葉を教えてくれたのは韓国企業に詳しい友人の林廣茂《はやしひろしげ》・元同志社大大学院教授（マーケティング専攻）だが、韓国企業あるいは韓国経済が日本から得た支援や協力、影響の事実を表向き語らなかったり、隠してきたことを指す。

その「日本隠し」の実態はすでに別のところで詳しく紹介した（角川新書『韓国　反日感情の正体』や文春新書『どうしても〝日本離れ〟できない韓国』など参照）。それは日韓国交正常化（1965年）を機に経済協力として韓国に提供された5億ドルの「請求権資金」が、インフラ投資などとして韓国の経済建設に寄与した実績をはじめ、民間の企業レベルでの提携、協力を含め幅広い分野に及んでいる。

ちなみに、韓国が世界に誇る自動車産業も日本企業の協力でその基礎を築いた。「現代《ヒュンダイ》」は三菱自動車、「起亜《キア》」はマツダ、「三星《サムスン》」は日産自動車、そして今はなき「大宇《デウ》」はスズキなど……。韓国世論はそうしたことをまともには知らされていない。韓国の財閥で日本企業の支援、協力、影響を受けていないところなどほとんどないといっていい。

では「日本隠し」の理由、背景はなにか？　簡単にいえば「宿敵・日本」「恨みの日本」あるいは「負けてはならない」「勝たねばならない」相手である日本にお世話になっているというやるせなさ――つまり自尊心という名の民族感情のせいである。

内実としては「日本に学んで日本に勝つ」あるいは「日本に勝つために日本に学ぶ」ということであって本来的には辻《つじ》つまは合っているのだが、表向きそれはなかなかいえない。事実であっても感情として認めたくないのだ。

筆者は長年この「日本隠し」と韓国人の対日感情は重要な関係があると思ってきた。韓国社会では多くの人びとは今なお、日本は過去の支配に関し「謝罪も補償も反省もしていない」と思い込まされている。実際は謝罪も補償も反省もしているのだが、教育やメディアそして官民とも、その事実を認めようとせず、かつ国民に正確に伝えてこなかったからだ。ましてや経済や企業における日本との提携や支援、協力の実態など、まったくといっていいほど知らされていない。

とするとその実態が知らされ、その結果が韓国の発展につながったということが理解されていれば、彼らの対日感情にも変化があったのではないか、と思うのだ。あくまで仮説だが、つまり「日本隠し」がなければ韓国における対日感情も今とは違ったものになっていたのではないか、という強い思いが筆者にはあった。

その観点で考えれば今回の〝制裁〟は、かねてからの韓国における「日本隠し」の一端をはからずも暴露したことになり、韓国人の対日理解を正す意味ではいささかの効果があったのではないかということになる。

半導体産業という韓国経済における象徴ともいえる重みをもつ分野で今回、その「日本隠し」の一端というより「日本隠し」の具体的例が象徴的に初めて明るみに出たことになるが、ただ半導体素材の輸入元であるたとえば「サムスン」が、そのことを意図的に隠してきたということでは必ずしもない。

「日本隠し」とは、韓国企業における日本との提携や日本の支援、協力、影響が世間に知られていないということを、象徴的に表現した言葉ということである。

韓国メディアとのバトル

今回の日本の制裁によって、韓国の半導体生産に対する日本の影響の大きさが明らかになったため、筆者にとっては韓国世論に「日本隠し」問題をアピールするいいチャンスとなった。制裁発表の後、韓国メディアとのインタビューではそのことを繰り返し語った。

その一部を紹介すると、最初は7月5日のCBSラジオの朝のニュースショーだった。左派リベラル系の人気女性キャスター（キム・ヒョンジョン）が相手で、生の電話インタビューだったが、論争的になったため予定時間の15分では足りず倍近くになってしまった。

内容はまず、日本の措置を「経済報復」とする日本批判から始まったので、筆者が「徴用工補償問題打開に向けた外交的圧力で核心は経済問題にあらず」といったことから徴用工問題の話になり、そこから1965年の国交正常化の際の条約問題へと広がっていった。

そして例によって、日本は謝罪も反省も補償もしていないという話になったので「そんなことはない。個人補償は韓国が受け持つという国家間の約束があるのだから、それを無視しては困る」などと反論。逆にこの際とばかり慰安婦問題をこちらから持ち出し、韓国メディアが無視している「慰安婦合意は当事者の70％が了解し支援金を受け取っている」という事実をあえて紹介したりした。

その後、国交正常化の際の請求権協定による経済支援の話になり、彼女は「わずか3億ドルで韓国は豊かになったなどという主張は認められない」と、しきりに金額の少なさを強調し、日本の対韓協力の意味を全面否定しだした。そこで筆者が持ち出したのが「日本隠し」論だった。その時のやり取りの一部を紹介しておく。

請求権資金といわれた政府レベルの経済支援の総額は、実際は無償3億ドル・有償2億ドルの計5億ドルだったが、彼女は「3億ドル」だけを強調し「それをもって〝日本がこんなにしてやったからお前たちはこれほど豊かになったんだ〟などといわれたのでは韓国国民としては到底受け入れることはできない」という。

インタビューの最後の部分でのやり取りはこうだ。

「そうじゃない。皆さんは今だからそう感じるのであって、当時の韓国の状況や国際環境を考えれば日本が提供した資金がいかに貴重だったか。さきほど、日本が申し訳なかったという気持ちでいろんな分野において多くの協力をしてきたと言ったのもそういう意味からであって、当時の状況を考えるべきだということだ。とくに企業においては、過去のことがあるので韓国を助けようということがたくさんあった。代表例が浦項製鉄所の建設を全面支援した新日本製鉄の稲山《いなやま》社長だ」

「クロダ記者のそういう話をずっと聞かされるのは相当、気分が悪いし、聴取者も嫌である。日本が助けようという気持ちで貿易をしたというのは違うんじゃないか。熱心に努力しているわが国の多くの企業にとっては相当、侮辱的だと思う。そんな話を聞くと、日本の立場として〝われわれが助けてやったからお前らは豊かになった〟という考えが基本的にあるため日本の謝罪や反省は実現しないんだな、と複雑な気持ちになった」

「いや、そうじゃなくて、現在の若い世代をはじめ韓国の国民は過去を知らないからだ。当時、国交正常化以降に日本の企業を含めて日本が、どれほど韓国に協力してきたかということをまったく知らないので、あえてこんな話をしているのだ。これまで日韓はお互いプラスというウィン・ウィンで仲良くやってきたのだ」

「ウィン・ウィンということもあっただろうが、韓国国民は心からの謝罪と反省が安倍首相から出るべきだと思う。ところが日本は政治が難しくなるとわれわれを利用し、妄言を繰り返し問題を引き起こす。こういうのは実に不愉快だということを、はっきり申し上げておきたい。今回の事態を招いたのはやはり日本の政治であって、日本の参議院選挙に向けわれわれが政治的に利用されているように思う。それに対しわが国民が怒りを抱いているということを、日本政府に明確に伝えていただくようお願いしたい」

日本が貿易問題を持ち出し〝制裁〟という対韓強硬策を打ち出した背景について、韓国ではもっぱら安倍政権が参議院選挙（7月21日）を前に有権者の支持を得るためだったという解釈が流布されていた。

韓国では対日外交つまり「反日」が国内政治上の都合でよく利用されるため、日本もそうだというわけだ。インタビューでも冒頭からその話になり、「日本で韓国問題が票につながることなどない」と説明しておいたのに最後にまた同じことを言っている。思い込んだらもう変わらない⁇

経験的にいえば、韓国メディアの日本人とのインタビューというのは、相手の話（つまり日本の話）を聞くというよりもっぱら自分の話（つまり韓国の主張）を国内向けに伝えているという場合が多い。したがってキャスターは筆者の話に耳を傾けるより、否定、批判するのに懸命なのだ。

ユーチューバーがクロダ擁護

以上、わざわざ韓国でのラジオ・インタビューを自慢たらしく紹介したのには理由がある。次に紹介するように、このインタビューをきっかけに最近の韓国メディア事情の興味深い一面が分かったからだ。それは筆者にとって意外な経験だった。

ＣＢＳラジオの朝のニュースショーが人気番組だといってもラジオである。放送時間も限られている。その影響にはさして期待していなかったのだが、その後、思わぬ展開になったのだ。

ラジオ局はインタビュー内容を即刻、文字化してネット・ニュースとして流している。人気の女性キャスターだから閲覧者が多い。このインタビュー内容はすぐ他のメディアによって「クロダ妄言」として引用され拡散されたのだ。

そのなかには某テレビ（ＪＴＢＣ）もあって、ニュースの時間に筆者の過去の発言（主に歴史問題）を含め、それも顔写真付きで伝えた。「クロダ妄言集」というわけだ。反日ムードが高まりつつあったので、格好の盛り上げネタにされた。

筆者はネット世代ではないので日ごろ「ユーチューブ」は見ない。ところが知り合いからの連絡で、ユーチューブに「クロダ擁護」論が出ていたという。探して見てみると若手のさるユーチューバーが、自らのユーチューブチャンネルで逆に「クロダ発言は正しい。それを過去の発言まで歪曲《わいきょく》し、妄言などといって非難放送をしたテレビは間違っている。クロダ記者はこのテレビを名誉毀《き》損《そん》で告訴すべきだ！」といっているのだった。

文在寅政権下で韓国メディアには大きな変化が起きている。既存のメディア（とくにテレビ）が政権寄りになって左派的な内容が多く、保守派叩《たた》きが目に余るのだ。その結果、保守層はテレビ離れし、その不満をユーチューブやネット番組などで癒《いや》すという構造になっている。ユーチューブでの「クロダ擁護」論にはそうした背景があったのだ。

CBSラジオ・インタビューの件ではまだ続きがある。インタビュー内容を参考にしたといって、今度はKBSテレビから討論番組への出演要請があったのだ。

KBSは準国営のメジャー局で自ら「韓国を代表するチャンネル」といっている、既存の地上波では最大のテレビ局だ。政府系だから左派寄りの文政権になってからは筆者にとっては初めての出演要請だった。

番組は「日曜診断」というインタビュー形式の討論番組で、日本のNHKの「日曜討論」のミニ版という感じか。その時々の案件について、キャスターを挟んで二人のゲストが30分ほど〝異見〟を述べ合うというものだった。テーマは当然、日本の制裁措置をめぐる議論で相手はソウル大学日本研究所の教授だった。

徴用工補償問題や慰安婦問題、国交正常化条約のことなど日韓関係の総括となったので、筆者はここでも例の「日本隠し」のことに触れ日本政府の制裁の効果（？）を語った。番組内容は両論紹介で比較的客観的なものだったが、このKBS出演に関連して別途、さらに興味深いことがあったのだ。

数日後、今度は保守系のさる有力ユーチューブ番組から要請があり出演した。こちらは長時間のインタビュー形式で、保守系だから「何でも好きなことを述べてくれ」という。弁護士出身の著名な元国会議員がやっていて、視聴者数は35万人とか。ネットでつながっているので即時、視聴者からのコメントが入る。やり取りは韓国語なのに、日本から日本語のコメントまで入り、それをこちらが韓国語に翻訳して伝えたり面白い経験だった。

興味深かったのは放送後のことだ。その日のうちに知り合いから「見ましたよ」という10件近い連絡があったのだ。

実は先のKBSテレビでは、その日のうちには1件の反応もなかった。後日、「テレビに出ていましたね」というのは少しはあったが。ごく周辺の反応とはいえ、この対照には驚いた。筆者の知り合いの多くは保守派なので、そういう結果になったのかもしれない。すでに指摘したように、端的な言い方をすれば彼らはテレビよりユーチューブの方をよく見ているということだろうか。

その後、さらに活字媒体の雑誌（朝鮮日報系の週刊経済誌）からインタビュー要請があったが、こちらも「ユーチューブ放送を見たので」というのだ。ここでは「日本隠し」のことを含め4ページにわたる長文の内容となった。

日本にも制裁のツケ

半導体素材の輸出規制に始まる日本の対韓貿易管理強化という経済問題に戻れば、韓国は政治的な反日愛国キャンペーンの一方で当然、対日依存度を減らすという経済的な対応である「克日」に取り組んだ。対日依存度の高い素材や部品、機械などの国産化推進や輸入・調達先の分散、多角化である。

今回、日韓関係の政治・外交リスクを実感させられた韓国企業としては、今後も見据えてのリスク分散である。別のいい方をすれば「日本離れ」の動きである。これまで韓国を〝お客さん〟としてきた日本企業にとってこれは痛手となる。韓国進出日本企業からはそれを懸念する声が聞かれた。

ジェトロ（JETRO、日本貿易振興機構）ソウル事務所の資料によると、アジア太平洋地域に進出している日本企業の業績調査で、「黒字」と回答した企業が最も多い進出先が韓国である。これは毎年続いてそうなっている。日本は韓国では終始、儲《もう》かってきたのだ。しかし今回の制裁はそれに水をさすことになる。

日本としてそれは当然、覚悟と想定の上でのことだった。対韓外交では初体験である。そしてこの政治・外交と経済の損得勘定の最終的な結果はまだ出ていない。今後の対韓外交の展開のためにはしっかり検証されなければならない。本書もそのささやかな試みのつもりである。

日本の対韓輸出管理強化という制裁によって、韓国経済における長年の「日本隠し」が暴露される結果になった。これは制裁の意外な効果として評価されるべきというのが筆者の判断だが、周知のように制裁に対する「報復」として韓国では官民挙げて日本製品不買運動が展開された。当然、予想された反日運動だったが、その広がりは予想以上だった。この損得勘定もしておかねばならない。

不買運動は日本にとっては打撃であり、韓国への経済的圧力が日本への経済的損失となってはね返ってきたのだ。日韓関係においてはこれまでも、反日感情が高まるとその一環としてしばしば不買運動として「日本ボイコット」はあったが、これまでの不買運動と異なり、今回のような広がりと打撃は初めての経験となった。

ちなみに過去の不買運動の記憶でいえば、日本製タバコの「マイルドセブン」不買だったり、日本料理拒否だったり、商店の日本人客お断り……といった素朴な（?）ものだった。マスコミ的には日本人客お断りが関心の対象になることが多く、ソウル中心街で日本人観光客が多い南大門《ナンデムン》市場や明洞《ミヨンドン》の商店に「日本人出入禁止」の貼り紙が出され、タクシーでも「日本人拒否」があった。タクシーでは途中で日本人客と分かり、無理やり降ろされたというひどいエピソード（!）も耳にした。

しかしいずれも長続きはしなかった。いつだったかこんなこともあった。

観光スポット明洞の衣料品店に「日本人出入禁止」の貼り紙が出ている風景を韓国メディアが報道した。反日的映像を求めていた日本メディアがこれに飛びつき早速、取材に駆けつけたところ、現場には貼り紙はなかった。店の主人がいうには韓国のメディアの自作自演だった。

ヤラセが必要なほど、実は不買運動は盛り上がっていなかったというわけだ。そんな記憶もあって、今回もそれほどの広がりは予想しなかったのだが、予想外の展開となった。これをどう考えるか。

まず感じたことは、韓国社会での日本製品の浸透、定着ぶりである。皮肉な言い方をすれば「日本製品はそんなにも好まれていたのか!」という驚きである。いつの間にかそうなっていたのだ。

当然だが、不買やボイコットが世間の関心を集め、大きな話題になり、広がりを見せるには、それだけの商品の普及（需要）と強い関心がなければならない。今回の反日不買運動で明らかになったのは、日本観光旅行を含めてそうだが、実は韓国人たちがいかに日本に関心が高く、日本を好んでいたかというその隠された（?）実態だった。

反日不買運動の皮肉な逆説だが、これもまたある意味では、韓国社会におけるこれまでの「日本隠し」がはからずも暴露されたということかもしれない。

日本製品の韓国への浸透、定着ぶりは今回、象徴的に不買運動の標的にされた「アサヒビール」「ユニクロ」「トヨタ」……など食品、ファッション、マイカーなどで表面化したが、過去を知る長年のウオッチャーからするとその第一印象は「韓国も豊かになったなあ」だった。

ただ、そうしたモノもさることながら、今回の反日不買運動で日本が受けた打撃という意味では「日本への観光旅行」がもっとも存在感があったのではなかったか。日本への観光旅行が反日のターゲットになるなどというのは、過去には考えられなかったことだ。韓国人の日常生活において海外旅行、なかでも日本旅行はそれほど大衆化していたということであって、まさに「豊かになった韓国」の象徴である。

韓国人の日本訪問は前年の２０１８年が７５４万人で、その数は総人口の15％に相当する。それは日本訪問外国人の４分の１を占めていた。韓国は近年、日本旅行ブームが続いていた。筆者の日常経験でも、タクシーの運転手は日本人客と分かると決まって自らの日本旅行を話題にし、日本をほめるのだった。

韓国の旅行業界によると、日本旅行は費用対効果で「もっとも満足度の高い国」だったのだが、それが２０１９年は夏以降の反日不買運動で５５８万人に減った。前年比26％減である。業界によると、ネットによる反日圧力などで日本関連のツアー商品を出せなくなり、日本に出かけたい客も「周りの目を気にして行かなくなった」というのだ。

日本の地方空港は一時は青森、秋田から松山、高松、佐賀、宮崎あたりまで軒並み韓国とつながっていたが、旅行客減でほとんどの路線が減便や中断、廃止になった。航空会社を含め、韓国の旅行業界も損をしたが、日本の経済的打撃は大きかった。制裁のツケとして日本はがまんを強いられることになった。外交には時としてこうした犠牲や忍耐も必要なのだ。

ミツビシ・ボールペンの人気と受難

不買運動を主導したＳＮＳなどネット世界では、ボイコット対象として懸命に探し出したと思われる日本の各種商品名が多数、列挙されていた。もはや日本製品で韓国に無い物はないという時代になっていて、子どもたち愛用の文房具もその一つだった。だが、文房具ではこんな笑えぬエピソードさえあった。

反日不買運動を連日、扇動的に熱心に伝えるテレビのニュースキャスターが手にしていたボールペンについて、視聴者の間で「日本製じゃないのか？」という疑惑が持ち上がったのだ。そのためキャスターが生放送のニュースの時間にわざわざ「これは日本製ではなく国産です」と弁明させられる場面さえあった。

法相任命をめぐって身辺疑惑問題で世論のスポットライトを浴びていた曺国ソウル大教授にも「日本製ボールペン疑惑」があった。テレビ中継された記者会見の際、手にしていたボールペンが日本の「三菱鉛筆」製だったことがバレて、会見途中で韓国産の筆記用具に代えている。

日本観光ボイコットでは記憶に残るテレビの反日扇動があった。テレビが朝の奥様番組で「今日の不買運動ニュース」みたいなものを連日、放送していた時だが、夏休みが始まったころこんな映像を流した。日本旅行を中止して国内リゾートの済州島《チェジュド》にやってきたという家族を登場させ、幼稚園児風の子どもに「日本には行かないよ！」といわせたのだ。

明らかにヤラセである。これではまるで北朝鮮のテレビではないか。韓国メディアの「反日」なら何でもありという相変わらずの風景だった。

今回の反日不買運動の盛り上がりには、従来とは異なるいくつかの背景があったように思う。

先に書いたように、まず日常生活への日本製品の広汎《こうはん》な浸透、定着があり、以前に比べ「日本」がきわめて身近になっていたこと。ネット時代で、若い世代を中心にＳＮＳを通じ手軽に〝反日愛国パフォーマンス〟を競い合ったこと。それに何事にも話題や関心がワーッと集まる韓国社会の集中度の高さと、世のなかの流れや雰囲気に敏感な同調志向の強さ。それが近年、ＳＮＳの発達でよりいっそう増幅されているように思う。

そして労組、市民団体など政権支持勢力やテレビが「日本何するものぞ」という政権の反日キャンペーンに乗って不買運動を煽った。

そしてもう一つ、この年が「３・１独立運動１００周年」だったことからくる反日愛国ムードがある。筆者はこれが意外に大きかったと思う。その社会的雰囲気は前章で詳しく紹介したが、この年の反日不買運動は実は「１００年ぶりの３・１独立運動」気分そのものだったのだ。

事実、メディアには「先烈たちの抗日運動の精神で不買運動を展開」といった言説がしばしば登場していたし、不買運動の若者には「３・１の心を忘れずやっています！」と語らせるシーンがよく見られた。反日不買運動は「3・1独立運動」とイコールに位置付けられ、それが「誇るべきわが民族精神」の再現として官民挙げてもてはやされたのだ。

世界で唯一の切ない不買運動

ところで現在の世界において、韓国のように外交問題をめぐって特定の国の輸入製品に対する不買運動を官民挙げてやる国があるのだろうか。

貿易摩擦から制裁・報復合戦になり、まさに「米中経済戦争」といわれる状況下の中国でさえ、米国製品の不買運動が官民挙げて展開されているという話はない。むしろ逆に、中国に進出した米国系大型スーパーのオープンに中国人客が殺到し、品物を奪い合うように買っていく風景がニュースになっていた。

また米国から経済制裁を受けているイランでも、時に反米デモの場面で米国旗を焼き、ひょっとしてコカ・コーラのようなものを足蹴《あしげ》にするようなことはあるのかもしれないが、メディアを動員した官民挙げての反米不買運動など聞いたことがない。

韓国における反日不買運動というのは、国際的にはまったく異例、異質の風景なのだ。韓国の反日不買運動はいつも切ない。日本製品があれほど大好き（?）なのになぜ不買運動なのかだが、これについては今回、逆に日本製品が大好きで日常生活に広く浸透、定着しているからこそ、不買運動が起きやすいということが分かった。

そこが中国やイランとは違うのかもしれない。その構造を知れば日本人としてはいささか気分は落ちつくというものだ。

最後に、官民挙げて反日不買運動が盛り上がるさなか、文在寅大統領が「8・15光復節記念式典」で行った演説の一節を紹介しておく。

「今日のわれわれは過去のわれわれではない。今日の大韓民国は数多くの挑戦と試練を克服し、より強くなり、成熟した大韓民国である。（中略）わが国民が日本の経済報復に成熟した対応を見せているのも、（中略）やはり両国民の友好が損なわれることを望まない、水準の高い国民意識があるからだ」

世界中の「成熟した水準の高い国民意識」の国のなかで、ある特定の国の製品に対する不買運動が官民挙げて嬉々《きき》として行われ、それがたしなめられるどころか、素晴らしい民族的行動として誇らしげに称《たた》えられるなどという国は、いったいあるのだろうか。それを「国民の成熟した対応」と、自信満々で格調高く語りかけている大統領演説がまた切ない。

第二章

果てしなき日韓擬似戦争の恨《ハン》

——旭日旗とレーダー照射事件

何でも旭日旗に見える反日病理学

韓国では近年、日本に関して「戦犯国」「戦犯旗」「戦犯企業」……などと「戦犯」という言葉がよく登場する。以前は靖国《やすくに》神社問題が首相の参拝などで話題になった際、ニュースになる程度だった。その場合も先の大戦に関連する連合国による東京裁判で、いわゆる〝A級戦犯〟として死刑判決を受け刑死した日本の戦争指導者についてだった。「靖国神社に戦犯が祀《まつ》られている（合祀《ごうし》）のはケシカラン」などといって関心の対象になったに過ぎない。

ところがこのところ韓国では、その「戦犯」の意味が拡大されているのだ。典型的には太陽の光をデザインした「旭日旗《きょくじつ》（旭日昇天旗）」を軍国主義日本の象徴だとし、「戦犯旗」などといって非難や拒否反応を示しているのがそれである。「旭日旗」は今や反日運動の攻撃シンボルになりつつある。

これまで「戦犯旗」などという用語は世界のどこにもなかった。それが韓国で反日運動の一環として目を付けられ、メディアがそれに飛びつくことで定着してしまった。

その結果、日本の海上自衛隊が公式に艦旗にしている旭日旗は、米国はもちろん中国でもロシアでも自衛艦訪問に際し何ら問題にならないのに、韓国だけが問題にしている。それも当初は民間の反日運動の次元だったが、最近は政府まで拒否しだした。

韓国発の旭日旗問題は今や東京オリンピックにまで及びつつある。反日活動家のみならずスポーツ団体が日本に対し、会場への旭日旗の持込み禁止やメダルのデザイン修正を要求するまでになっている。

パラリンピックの方のメダルに刻まれた扇模様のデザインが、旭日旗に似ているというのだ。言いがかりに近いが、ある観念にとらわれると何でもそう見えてしまうようだ。これなど政治や外交の話ではなく、もう「病《やまい》」に似た「反日病理学」の次元である。韓国だけが「旭日旗イコール戦犯旗」として非難に熱をあげる理由については、後で詳しく触れる。

また「戦犯企業」というのもそうだ。日本での戦時動員労働者である、いわゆる徴用工問題が、裁判や外交問題として表面化する過程で新しく登場した。支援の活動家や運動団体などが、戦時中に朝鮮半島出身の労働者を使っていた日本企業をそう呼び、非難や補償要求の対象に仕立てあげた。

２０１９年夏、韓国で燃え上がった反日不買運動においても、いわゆる「戦犯企業」の製品が不買対象にされている。

ちなみにこの時の不買運動は、ソウル市など主要都市の議会が自治体の購入品から日本の「戦犯企業」の製品を排除することを議決し話題になった。近年、韓国の自治体が中央に負けじとばかり、マスコミ受けを狙ってよくやる反日ポピュリズムである。しかしこれは「地方政府における特定国の製品排除」であり、ＷＴＯ（世界貿易機関）協定違反として国際問題になる可能性があるということで、後に沙汰《さた》止みにはなったのだが。

さらに「戦犯」問題が日韓関係に微妙な波紋を呼んだ例に韓国の国会議長（文喜相《ムンヒサン》）発言がある。これは天皇問題がらみだったため日本の世論をいたく刺激し、日本人の反韓・嫌韓感情に油を注ぐ結果になった。

問題発言は、米国訪問前に米国のメディアとのインタビューで飛び出した（2019年2月8日、米ブルームバーグ通信）。日韓関係の悪化に関連し慰安婦問題を質問された際、解決策として日本の天皇による直接謝罪を求めたのだ。

「戦犯の息子」発言の歴史歪曲と品格

日本ではもっぱら天皇への謝罪要求のことが問題にされたが、彼は謝罪すべき天皇として当時、在位されていた明仁《あきひと》天皇（現上皇）のことに触れ「戦争犯罪の主犯の息子」と述べたのだ。だから歴史的に謝罪すべきという理屈だが、筆者はこの「戦争犯罪の主犯の息子」つまり「戦犯の息子」という発言がより気になった。彼の発言はこうなっていた。

「（天皇謝罪に関し）私としては間もなく退位される天皇が望ましいと思う。その方は戦争犯罪の主犯の息子ではないか。そのような方が一度（元慰安婦の）おばあさんの手を握り、本当に申し訳なかったと一言いえばすっかり解消できるだろう」

しかし歴史の事実関係でいえば、彼が「戦争犯罪の主犯」といっている昭和天皇は公式的には戦犯ではない。先の大戦にかかわる勝者である連合国による東京裁判では、敗者である日本を断罪した際、天皇は「戦争犯罪人」としては訴追されなかった。したがって正確には戦犯にはなっていないのだ。公式には戦犯ではないから発言は事実誤認である。

もちろん天皇にかかわるこの問題については、以前から内外で批判的見解や異論はあった。民間の左翼系研究者や運動次元では今も昭和天皇＝戦犯論はある。しかし国会議長は韓国の最高級の公的人物であり、インタビューでの発言は公的発言である。そこでの事実誤認の発言は許されない。

また「戦犯の息子」といって謝罪を要求したのだが、これだと令和時代の新天皇は「戦犯の孫」となって、さらに謝罪要求の対象ということになりかねない。

韓国では日本統治時代の抗日テロリストを愛国者とし、その孫子《まご》まで国家的に顕彰されているが、そんな血筋絶対主義みたいな血縁文化は韓国だけのものである。

それにしても「戦犯の息子」発言は公的人物の対外関係に関する公的発言としてはまったく不適切なもので、常識的にはありえないものだった。まるで反日団体の反日活動家がアジ演説で使うような表現である。国会議長を長く務めた一国を代表する公人としては、その資質と品格が疑われる。

日本相手には何を言っても許されるという、いわゆる「反日無罪」の無責任心理がこのレベルにまで広がっている症例である。

そのうえで、彼がなぜ「戦争犯罪の主犯」つまり「戦犯」のことをインタビューのなかでわざわざ持ち出したのかだが、この安易さ、軽率さの背景にあるのが、まさに近年の韓国社会における「戦犯」論の流行である。

では韓国で今なぜ日本について「戦犯」が関心なのか。理由は対日戦勝史観の広がりである。

見果てぬ夢としての対日戦勝願望

韓国人にとって最大の歴史の〝恨《ハン》〟は、自ら日本と戦って解放・独立を実現しえなかったことである。韓国でいう「ハン」とは、見果てぬ夢、理想、希望、願望、あるべき姿……といってもいいが、その「ハン」への癒《いや》しの心理が対日戦勝願望である。

つまり彼らの〝歴史的恨〟というのは、端的にいえば日本と戦争して勝ちたかったということである。言い換えれば、対日戦勝国である連合国の一員になりたかったということだ。そうなれば対日戦勝国として日本を非難し断罪できる。つまり日本を「戦犯国」として糾弾できるのだ。近年の戦犯論ブームは自らを対日戦勝国と位置付けたいという、見果てぬ夢、つまり「恨」の産物なのだ。

それには韓国で近年、広がっている対日戦勝史観が強く作用している。その対日戦勝史観の頂点が、先に紹介した2019年の「3・1独立運動100周年」であり、文在寅大統領の2018年の「8・15光復節記念演説」における自力解放論もそうだ。韓国では日本統治時代を舞台にした映画やドラマのほとんどは「日本と果敢に戦った」という抗日モノであり、なかでも近年は対日戦争モノが目立つ。

ドラマ的には、文在寅が大統領になる前に観て感動したという映画『暗殺』（2015年）のような抗日テロリスト映画が人気だが、同時に近年は必ずといっていいほど劇中に「独立軍」なるものが登場し、それが日本軍を打ち負かすシーンがハイライトになっている。

「3・1独立運動100周年」の2019年夏の話題の映画『ボンオドン（鳳梧洞）戦闘』などはその典型だ。1920年に旧満州《まんしゅう》で日本軍と戦って「勝った、勝った」という武装集団の話だ。主人公はいわゆる馬賊上がりで、民族精神に目覚めて抗日独立軍になるというストーリーだが、中身はもっぱら戦争活劇だった。韓国人にとっては毎年夏（8・15）の恒例になっている、いわば〝納涼愛国映画〟というわけだ。

さらに荒唐無稽《むけい》なストーリー展開で、慰安婦モノながら人気を呼んだ映画『鬼郷』（2016年）もそうだった。中国大陸のどこかで日本軍部隊に連行、監禁され、慰み物にされていた慰安婦たちが、最後に集団虐殺される場面がハイライトだが、そこに突然、「独立軍」が現われ、日本軍を打ち負かし慰安婦を救出するというのだ。

何が言いたいかというと、韓国では近年、対日歴史認識として「あるべき歴史」である戦勝史観が広がっている、その結果、自らを戦勝国に見立て、日本を「戦犯」と非難することに違和感を感じなくなっている、ということである。

と同時に、今になって日本に関し「戦犯、戦犯……」と語ることは、彼らにとっては心理的に日本に対する擬似勝利体験になり、快感をもたらすという心理構造になっているのである。

余談だが戦犯論に関しては、韓国には靖国神社問題をめぐってある種の虚構が存在する。韓国では日本の首相や閣僚が靖国神社を参拝すると、決まって官民挙げて非難、抗議の声が出る。政府は外交的に強硬な抗議声明を発表する。理由は先に指摘したように、いわゆる「A級戦犯」が合祀されている靖国神社は過去の日本軍国主義や戦争美化を容認しており、韓国風にいえば〝歴史歪曲《わいきょく》〟の施設だからだという。

そこで韓国は歴史の被害者だから日本に抗議するというのだが、問題にされている靖国神社の戦犯は韓国の歴史とは直接は関係無い人物たちである。繰り返し指摘したように、韓国は日本との戦争当事者ではなかったし、東京裁判で問題にされた「戦争犯罪」もまた満州事変以降の日本の戦争行為に関するものである。日本の朝鮮半島支配（植民地支配）が裁かれたわけではない。

端的にいえば靖国神社問題について、韓国には発言権はないのである。にもかかわらず執《しつ》拗《よう》にこだわるのは、やはり虚構の対日戦勝史観からくる自らの歴史の「恨」に対する癒し心理というしかない。

旭日旗反日の起源

ここで「戦犯旗」とされる旭日旗の問題に戻る。旭日旗が昔、軍国主義時代の日本で軍旗として使われたことから「戦犯旗」として拒否の対象になっているのだが、これは韓国でも比較的新しい現象である。以前は反日の対象としてそんな問題提起はなかった。

筆者の１９７０年代からの韓国との付き合いでいえば、たとえば映画やドラマで日本軍国主義の話として日本軍が登場する場面でも、旭日旗を見たことは一度もない。すべて「日の丸」の日章旗であり、部隊も憲兵もいつも日章旗を掲げていた。つまり旭日旗は韓国人にとってはきわめてなじみのないものだったのだ。

それが話題にされるようになったのは、筆者の記憶でいえば２０００年代に入ってからである。サッカーの日韓戦でスタンドの日本人の応援に韓国側からイチャモンがついたのが最初ではなかったか。日本ではそれ以前からスポーツの応援などにしばしば使われていたのだが。

とくに強調しておきたいことは、軍旗としての旭日旗は1996年9月、海上自衛隊の練習艦隊が初めて韓国を親善訪問し、釜山《プサン》港に入港した時に自衛艦旗として掲げられているのだ。筆者はそれを現地で取材しているが、現地メディアを含め旭日旗が問題になった形跡はない。

日本の練習艦隊はその後、2007年9月には首都圏の仁川《インチヨン》港にも初入港しているが、この時も艦尾には旭日旗が翻っていた。艦では必ず韓国人招待客を招きレセプションが行われる。彼らの間で旭日旗が問題になったことはなかった。海上自衛隊の艦艇はその後も旭日旗を掲げて韓国海軍と共同訓練をしているが、それが問題になったこともなかった。

旭日旗を「反日」という観点から正面を切って非難の対象にしたのは、2012年夏のロンドン五輪の際の旭日旗騒ぎだった（角川新書『韓国 反日感情の正体』参照）。

この時、韓国のサッカー選手のフィールドでの「独島《ドクト》」PRが、政治的行為としてIOCなど国際社会で問題になったのだが、韓国はその腹いせ（?）として、日本の女子体操選手のユニフォームのデザインが旭日旗を連想させる、と文句を付けたのだ。

これはIOCの見解を含め国際的にはまったく問題にされなかったのだが、当時、最大手紙・朝鮮日報が旧ナチスの党旗（ハーケンクロイツ）と旭日旗はイコールだとして反日キャンペーンを展開した（2012年9月3日付）。このあたりが韓国世論に旭日旗を「戦犯旗」と印象付けるきっかけになったように思う。

それでも以上はあくまで民間次元の反日感情の話である。これが一気に国家次元の問題として表面化したのが、2018年10月、韓国・済州島で開催された国際観艦式への海上自衛隊の参加問題だった。主催者の韓国海軍（韓国政府）が海上自衛隊の艦旗である旭日旗を拒否したのだ。文在寅政権がスタートした翌年のことである。

国際観艦式に招かれていた海上自衛隊に対し、自衛艦旗である旭日旗の掲揚は認められないといってきたのだ。日本にとっては寝耳に水である。すでに紹介したように、そんなことは過去には無かったからだ。

軍隊の公式の旗つまり軍旗は、その国を象徴し代表するシンボルである。国旗に準ずるものといっていい。したがって外国政府がある国の軍隊に対し軍旗を掲げるなということは、外交的非礼である。その国に対する侮辱に等しい。

日本としては国家的見地から当然、認めるわけにはいかない。結局、国際観艦式への参加を断った。韓国当局は他の参加国艦艇も艦旗ではなく国旗だけを掲げるようになっていると弁明していたが、観艦式の当日、他国の艦艇は艦旗を掲げていた。

しかも観艦式で閲兵する文在寅大統領が乗った韓国海軍の指揮艦には、妙な旗が掲げられていた。何と、16世紀の豊臣秀吉《とよとみひでよし》軍の朝鮮出兵（文禄《ぶんろく》・慶長《けいちょう》の役＝壬辰倭乱《イムジンウエラン》）の折、それを迎え撃って勝利したとする、朝鮮水軍の軍旗だという。

これ見よがしに掲げられていたのだが、政府主催の国際イベントに大昔の〝日韓戦争〟の勝利の遺物とは。日本への非礼であり意識過剰というほかないが、この時の旭日旗拒否もまた、明らかに「旭日旗イコール戦犯旗」論を念頭においた反日ポピュリズムの発露だった。世界で共通する海の友好親善という国際観艦式の理念はどこへやら、あれは文政権が先頭に立ってやってみせた、日本への闘志むき出し（?）の反日パフォーマンスだった。

レーダー照射事件の論点ずらし

それからわずか2カ月後の２０１８年12月に起きたのが、日本海での日本の自衛隊哨戒機《しょうかいき》に対する韓国海軍によるレーダー照射事件である。日本の強い抗議と、それに反発する韓国の間で心理的な戦いが展開された。

事件は12月20日、石川県能登《のと》半島沖の日本海で、パトロール中の海上自衛隊の哨戒機が韓国海軍の駆逐艦から射撃用（つまり攻撃用）の火器管制レーダーを照射されたというのだ。

このレーダーは艦砲やミサイルの発射に直結するもので、有事にはボタン一つで直ちに戦闘になる。

軍事的にはきわめて重大かつ危険な行動である。日本側は厳重抗議したが韓国側は事実を認めず白を切り続けたため、外交問題に発展した。

日本側は珍しく強硬姿勢が目立ったが、それはコトの重大さもさることながら、心理的には先の国際観艦式で受けた仕打ち、つまり国際的非常識に対する不愉快な感情が残っていたと考えていい。しかも当事者は双方の海軍だ。海上自衛隊としては「また韓国か。いい加減にしろ」と思っただろう。

当時の双方の報道などによると、現場は公海上だが日本の排他的経済水域に属する。漂流船と見られる北朝鮮の漁船がいて、その近くで救助ないし調査活動中と見られる韓国海軍の駆逐艦から、上空を飛行中の海上自衛隊の大型哨戒機にレーダーが照射された。ところが日本の抗議に対し韓国側が事実を否定したため、問題はこじれた。

日本側は、駆逐艦に向けた英語による無線の呼びかけや現場映像、レーダーの照射音まで公表し追及した。しかし韓国側は捜索用レーダーは使ったが射撃用レーダーは使っていない、自衛隊機に光学カメラは向けたがレーダーは連動していない……など、言い訳にならないような言い訳に終始し、最後まで否定し続けた。

しかも韓国側は途中から、日本の哨戒機が韓国側艦艇に対し上空で「脅威を与えるような危険な低空飛行をした」と言いだし、謝罪まで要求してきた。

これ以降、韓国のメディアは事件を「日本哨戒機による低空飛行事件」と称するようになった。言い訳を超え明らかな居直りである。これこそ韓国でいうまさに「賊反荷杖《ジョクパンハジャン》」である。

ただ、この言い訳は実質的には韓国側がレーダー照射を認めたようなものである。それまで自衛隊機の低空飛行について何もいわなかったのに、レーダー照射問題では不利と判断したため、別の問題を持ち出したのだ。見事（?）な論点ずらしだが、まるで「脅威を感じたから射撃レーダーを作動させた」と白状したようなものである。

これで真相は一件落着したも同然だが、日本側（防衛省）は年を越した1月21日、韓国側の「事実と異なる主張」や「まったく客観性に欠ける回答」を詳細に分析、批判した長文の最終見解を発表した。これに対する韓国側の反論はもうなかった。

この事件の過程で印象的だったのは「日本には絶対頭を下げたくない」「弱腰は見せられない」という韓国側の突っ張りだ。それは事実関係をめぐる日本との問題というより、むしろ「われわれは昔の韓国ではない」「日本何するものぞ」「日本には負けない」という国内向けのアピールだったといっていい。

今回の事件は双方の海軍が対立する軍事上のトラブルだった。軍がらみだからコトは勝つか負けるかの戦いというイメージとなる。文在寅の大統領官邸は当時、わざわざ国家安全保障会議（ＮＳＣ）まで開き「日本への強力対応」を発表している。

対日戦勝史観に彩られ意気上がる「３・１独立運動１００周年」の劈頭《へきとう》に、日本に頭など下げるわけにはいかなかったのだ。

以下はレーダー照射事件のさなかに派生した個人的エピソードである。

事件が大きな話題になっている時、日本のテレビ局から連絡があり、ニュースの際にコメントを入れたいということで電話インタビューとなった。そこで韓国サイドの雰囲気などを紹介したついでに、日韓の対立状況ということで「韓国人のケンカ作法」みたいな話をしゃべったところ、それが問題になり、テレビ局に視聴者から抗議があったというのだ。

筆者が韓国体験として語った韓国人の得意なケンカの仕方は3点。①大声を出し大げさに相手を脅す②周りに訴え周りを味方につける③自分に有利な他の話を持ち出して責任逃れをする論点ずらし――というものだった。

レーダー照射事件での韓国の対応はまさに③の「論点ずらし」に該当するというわけだ。一種の体験的韓国人論のつもりだったが、抗議によるとこれが韓国人差別の「ヘイトスピーチ」だという。

これには驚き、絶句し、最後は苦笑したのだが、日本では反韓・嫌韓論の広がりに対する批判や反発として、一方ではそんな受け止め方もあるのかと興味深く参考になった。大げさに反応すれば「そんなことを言い出せば文化人類学はやれないじゃないか」ということになるが、テレビ局では抗議に対して「ご指摘は今後の参考にしたい」というコメントを出したということだった。

ついでにこの「論点ずらし」ということでは、日本政府の対韓貿易管理強化という制裁に対する文在寅政権の対抗ぶりも、それにあたるかもしれない。

日本は制裁を武器に、本筋の外交課題である徴用工問題の解決を目指したのだが、文政権は「経済侵略」「経済戦争」……などといって国民の危機感を煽《あお》った。経済危機論と反日への得意の論点ずらしで、日本に対応を迫られていた難関の徴用工問題からの逃避を図ったのだ。

これによって徴用工問題における文政権の処理の不手際は、世論の反日ムードによってどこかに飛んでしまった。日本は韓国の論点ずらしというケンカ作法に、一杯食わされたのだ。

新・日本海海戦？

レーダー照射事件で問題を「日本による低空威嚇飛行事件」に論点ずらしした韓国側は、日本との軍事・防衛実務者協議の際に「日本が威嚇的な低空飛行をするなら座視せず、われわれも同様に行う用意がある」などと、強硬な姿勢を明らかにしている。先のNSCでの「強硬対応」論もそうだが明らかにケンカ腰だった。

しかし、こうした日本と今にも戦争でもしそうな韓国側の高姿勢や興奮というのは、実は初めてではない。近年、似たようなことが増えているのだ。筆者は「日韓擬似戦争」あるいは「日韓仮想戦争」と名付けているが、ここにもやはり対日戦勝史観が影響を与えていると考える。深層心理としては「日本と一度戦争して勝ってみたい」という、いわゆる〝恨〟の産物ということでもある。

しかし現実問題として、経済発展と国力増大を背景に韓国には軍事力誇示のパフォーマンスが目立つだけに、この雰囲気には危ういところがある。とくに文在寅政権の場合、3・1独立運動100周年や日本による対韓制裁への反発のなか、「日本何するものぞ」という民族感情から、GSOMIA破棄という内外で想定外の極論にまで踏み出している。軍事がらみでの民族感情への傾斜は、不測で偶発的な衝突につながりやすいからだ。

韓国の危うさという意味で、今後への参考事例としてこれまでの「日韓擬似戦争」を振り返っておきたい。

記憶に残るのは、たとえば文在寅が大統領秘書室長など側近として仕えた盧《ノ》武鉉《ムヒョン》政権時代（2003―08年）の2005年5月に起きた漁業紛争がそうだ。歴史的にはちょうど日露戦争の日本海海戦から100年だったため、日韓による「新・日本海海戦か？」などと揶揄《やゆ》された。

この時、コトの発端になった現場も日本海の日本の排他的経済水域だった。不法操業の韓国アナゴ漁船を取締り中に、韓国漁船は逃走。それを追跡した日本の巡視艇と、漁船を保護しようとした韓国警備艇が対峙《たいじ》する局面となった。

日本の海上保安庁の巡視艇と韓国海洋警察の警備艇の対峙だったため軍が出動したわけではなかったが、韓国マスコミは「韓日警備艇13隻が東海（日本海のこと）で対峙！」「一触即発、緊張高まる蔚山《ウルサン》沖！」などと興奮し、緊張を煽った。

往年の日露の日本海海戦に比べるといささかケチくさかったが、韓国世論（マスコミ）にとっては興奮し甲斐《がい》があった。

というのは当時、日本で島根県が「竹島《たけしま》の日」を制定（2005年3月）したことに反発し、韓国では反日感情が高潮。盧武鉉政権は「外交戦争」と称して対日強硬論を展開していた。しかも不法漁船で日韓が対峙した蔚山沖という現場が、地図的には問題の「独島（竹島）」に近かった。

したがってイメージ的には竹島・独島をめぐる日韓軍事対決に近い。現に当時の韓国メディアは「独島周辺にわが警備艇集結、軍艦艇も増派」「武力衝突も」「大統領は一戦を前にした将帥のよう」などと報じ、文字通り戦争ムードだった。

「独島」は韓国人にとっては何にもまして反日愛国のシンボルになっている。韓国の大衆小説やドラマ世界における反日愛国モノの定番ネタである日韓仮想戦争では、そのほとんどは日本の自衛隊が武力で「独島」を奪いにくるという設定になっている。

「日韓の警備艇の対峙」に「独島」が重なればいやが上にもマスコミの興奮は高まる。世論は大いに日韓擬似戦争を楽しむことになった。

ただ、この時の〝戦い〟は韓国側の敗北に終わった。違法操業の韓国漁船は捜査のため乗船した日本の海上保安官を〝人質〟に、停船命令を無視して逃走していたからだ。

韓国側は「明白な違法行為」で押しまくられ、一筆取られて〝終戦〟となった。当時の筆者のレポートの見出しは「かえって韓国国民のストレスを深めた」となっている。日本には負けてはならない、何としても勝たなければならないのに……。

驚きの対日模擬戦争

それから7年後の2012年8月、今度は保守系の李明博《イミョンバク》政権（2008—13年）だったが、また日韓擬似戦争が起きた。今回も竹島・独島問題がらみだった。李明博大統領が「8・15光復節」を前にした8月10日、突然、独島（竹島）上陸を強行した時のことだ。

竹島上陸は歴代大統領としては初めてのことだった。これまで竹島・独島問題で韓国は支配強化のためやり放題のことをしてきたが、大統領の上陸だけは遠慮（?）していた。ささやかな対日遠慮だったが、李明博はそのタブーを無視し、重大な「原状変更」をやらかした。半年後に退任を控え、愛国者として歴史に名を残したいがために、反日愛国パフォーマンスに「独島」を利用したのだ。

日本は「そこまでやるか！」と大きな衝撃を受けたが、李明博はその後さらに、過去問題をめぐる「天皇謝罪要求」発言もあって日本世論をいたく刺激した。この時も、これをきっかけに「日韓関係は最悪」といわれた。過去の日韓関係の雰囲気とは異なる、「平然の韓国と激高の日本」という日韓の新構図は、このあたりから始まったように思う。

で、李明博・竹島上陸にかかわる日韓擬似戦争というのは、日本側が現場にいたわけではなかったので韓国の独り相撲だった。それでも韓国側では官民挙げて大々的な擬似戦争ムードとなった。

「大統領初の独島訪問」とあって、国家元首に対する警護態勢が敷かれたのだ。ところがそれを、まるで大統領が戦場に出かけるような陸海空3軍を総動員した軍事的備えに拡大してしまったのだ。

メディアは「軍事作戦を彷彿《ほうふつ》」「日本の自衛隊が接近するかも」などと伝え、海軍では島周辺に『独島』と命名された大型強襲揚陸艦をはじめ護衛艦、哨戒艦から潜水艦まで投入。空軍は空中早期警戒機のほかF15やF16戦闘機の編隊を空中警護として動員、陸軍は内陸部の中央防空統制所が空中監視にあたった。新聞には「全体作戦図」なるものが大型のカラーイラストで描かれていた。

あれは間違いなく軍を総動員しての対日擬似戦争だった。いや対日模擬戦争といった方がいいかもしれない。まるで小説やドラマのような風景だったが、現実にあったことなのだ。独り相撲とはいえ、政府とメディアが一体となって日本と一戦を交えんばかりのこの雰囲気は、深刻である。

「まるで小説やドラマのよう」と書いたが、この章を執筆中の2020年5月、気になるテレビドラマがあった。SBSテレビの大型連続ドラマ『ザ・キング─永遠の君主』に妙な場面があったのだ。

ドラマは韓国で近年、流行のいわゆるファンタジードラマで、19世紀末から20世紀初め、日本への併合前に韓国に存在した大韓帝国の「王（皇帝）」が現代に現われ、ラブロマンスのなかで政治などさまざまな出来事に遭遇するという仮想ストーリーだ。その一場面に、「独島」方面の日本海（韓国では東海）で韓国領海に侵入してきた日本艦隊とそれを迎え討つ韓国艦隊との間で一触即発となるシーンがある。

韓国側は戦闘機の編隊まで出動し、艦上で指揮していた「王」は「一歩も退くな！」と断固撃退の命令を下す。そして警告の艦砲射撃を加えたため、日本艦隊は悔しがりながら撤退する。まさに日韓模擬戦争である。

主人公の「王」は先年、日本原作のリメイクで大ヒットしたテレビドラマ『花より男子』のヒーローのイケメン俳優（イ・ミンホ）が演じている。週末夜のそんなファンタジードラマに今なぜ「大韓帝国」が登場し「勝った！　勝った！」の日韓戦争なのだろう。歴史ポピュリズムといえばそれまでだが、その背景はすでに繰り返し指摘した。

中国より危ない感情傾斜

ここでレーダー照射事件に戻れば、事件の現場がもし竹島・独島に近い海域だったとしたら、韓国側の興奮はもっと高まったに違いない。事件の当事者は両国の海軍であり、駆逐艦と哨戒機である。しかも上空の哨戒機に対する攻撃的な射撃管制レーダーの照射の有無をめぐる攻防だったから、軍事的衝突イメージはことのほか強い。

事件の真相は韓国側の全面否定でヤブの中という感じは残るが、日本側の主張を前提に考えれば、韓国の駆逐艦はある種の訓練感覚でレーダーを作動させたのかもしれない。

射撃レーダー照射事件は以前、尖閣《せんかく》諸島沖で中国の軍艦から海上自衛隊の軍艦に対し同様のことが行われ、大きな問題になっている。尖閣諸島海域では日本と中国は軍事的緊張関係にあるので、中国軍は軍事的に日本を試したのだ。

日韓関係は日中関係ほど軍事的には厳しくはないが、領土問題では似たような環境にある。いや島がらみでは中国より韓国の方がケンカ腰だ。韓国海軍は中国軍にならって、日本に対し「試しにやってみた」のかもしれない。プロ的にいえばその軍事的危険性は大きいが、韓国社会の日ごろの「日本相手には何を言っても、何をやってもいい」という対日甘えと対日擬似戦争ムードの広がりのなかで、「ついやってしまった」のだろう。

周知のようにこの後、文在寅政権はＧＳＯＭＩＡ破棄という禁じ手にまで大胆不敵に手を染めている。後に米国の批判、圧力を受け外交的配慮から破棄保留となったが、安保・防衛上の合意や約束さえ安易（?）に無視するという、世論受けのする反日民族主義感情がある。つまり軍事問題がそうした感情で動かされているのである。コトが日本がらみとなると自制が利かなくなる。度重なる対日擬似戦争はそれを物語っている。これは場合によっては中国との関係より危ない。

レーダー照射事件で「自衛隊機低空飛行事件」に論点をずらした韓国は、先に紹介したように「日本が威嚇的低空飛行をするならわれわれも同じことをやる」と平気で主張しているのだ。これまたケンカ腰である。そして典型的な感情論である。普通は現実的に「今後お互い威嚇的な行動はしないようにしよう」だろう。

「歴史のハン（恨）」を背景にした対日擬似戦争が、過去がらみの対日感情の発散で済んでいるうちはいいかもしれない。しかし感情傾斜には偶発性がともなう。中国より危ないと考える理由だ。これは何としてもコントロールされなければならない。日韓の大きな課題である。

第四章

日本人にも対韓被害意識がある
――歴史に探る反韓・嫌韓感情の起源

日本ヘイトは放置され歓迎される

第一章で日韓関係の新しい構図は、これまでのように韓国が日本に対して不満で怒っているのではなく、日本が韓国に対し不満で怒っていることからもたらされたと書いた。しかし反韓・嫌韓といわれるような、近年の日本世論の韓国に対する不満や怒りの感情の背景には、日本人の間で韓国に対するある種の被害感情があるように思う。

韓国からひっきりなしに伝えられる、日本に対する執拗《しつよう》な批判、非難、中傷、悪罵《あくば》、悪口、嘲弄《ちょうろう》、愚弄、侮辱、けなし、足の引っ張り……などいわゆる反日現象が重なるなかで「日本は韓国によっておとしめられている」という被害感情が広がっているのだ。

こうした状況にはネット時代という情報環境の変化も大きく影響している。もともと韓国における反日パフォーマンスというか反日情報のほとんどは、国内での自己満足的な〝愛国ビジネス〟である。ところがそうした自家消費用の反日愛国ネタが、いまや〝反日トンデモ情報〟としてネットを通じ日本社会に大量に流入している。それだけ日本人の感情が刺激される機会が増えたというわけだ。

情報環境のことはさておき、たとえば近年の日韓関係では、とくに慰安婦問題に関する国際舞台を含めた執拗な反日情報が、日本人の感情をいたく傷つけてきた。

あるいは古くて新しい、今も続く歴史問題にからむ日本の教科書への介入やユネスコ世界遺産登録をめぐる干渉、対馬《つしま》における盗難仏像の未返還などもそうだ。旭日《きよくじつ》旗をめぐる反日症候群（シンドローム）についてはすでに書いた。東京五輪へのイチャモンや福島原発放射能をめぐる〝風評扇動〟もある。

近年の反日症候群のなかで筆者が「これはダメだ」と最も不愉快だったのは、2016年5月、オバマ大統領が米大統領として初めて広島を公式訪問し原爆死没者慰霊碑に参拝した時のことだ。韓国のメディアが「戦犯国・日本への免罪符になる」といって一斉に反対したのだ。オバマの核廃棄への思いなどそっちのけで、すでに詳述したようにまるで戦勝国気分で日本叩《たた》きに熱をあげた。

その前年には「戦後70年」を記念する安倍首相の米議会演説に対し、官民が反対工作をして足を引っ張っている。

反日現象を列挙すればきりがないが、それは政府レベルのみならず、いわゆる市民運動やメディアを含め、国を挙げて日本叩きが行われているのだ。韓国メディアは日本での韓国がらみの「ヘイトスピーチ」問題を実態以上に大きく伝え、日本叩きにしきりに使っているが、一方で韓国では、日本に対する「ヘイトスピーチ」は日常化しているようなものだ。

しかも日本では〝韓国ヘイト〟に対してはメディアが批判の論調を掲げ、街ではヘイト糾弾のデモや集会まであるが、韓国では〝日本ヘイト〟は放置され、歓迎されている。それどころか韓国では日本大使館や総領事館前の不法慰安婦像という〝ヘイト施設〟を、当局が長年、放置し保護までしている。これでは日本の世論が怒るのも無理はない。

日本人の歴史被害意識

こうした反日現象について韓国では、日本が韓国を支配した過去の歴史に理由がある、つまり日本に責任があるという主張から自粛、自制、抑制がない。依然、日本については何をいっても、何をやっても許されるという「反日無罪」「反日愛国」を続けているのだ。そこで日本世論の方は「あんなに発展し大きく強くなったのにまだ過去でグズグズいっている」「もういい加減にしろ」と不満をつのらせているのだ。

先に韓国人の〝歴史まみれ〟のことを書いたが、今や日本人も韓国人の特異なその歴史観に気付き「もう付き合いきれない」と思いはじめている。日本人の対韓被害意識というのは、その意味では〝歴史被害〟といえるかもしれない。そして戦勝国気分で日本を戦犯国呼ばわりし、非難、愚弄する反日現象には当然、日本人は怒りとともに被害意識を感じている。

すでに繰り返し書いたように、近年の韓国の反日現象には、一方で経済発展や国力増大、存在感の拡大からくる「日本何するものぞ」の気分がある。それが日本人の対韓感情にはね返り、自分たちの領域がどこか奪われたような、韓国的表現を借りれば「相対的剝奪《はくだつ》感」からくる被害感情もある。

しかし日本サイドの対韓被害感情というのは、韓国ではまったくといっていいほど理解されていない。日韓関係の新構図というか構造変化において、きわめて重要なポイントであるにもかかわらずである。

そしてほとんどの韓国人は日本との関係について、相変わらず自分たちは永遠の被害者だと思い込んでいる。日本への加害意識などはまったくない。

先に紹介したように朴槿恵・前大統領は日韓関係に関し「千年経っても加害者と被害者の関係は変わらない」と語って話題になったが、この〝歴史カード〟は日本に心理的負担を感じさせることで自ら有利な位置に立ち，所定の利益を追求するという外交的レトリックである。しかし歴史の実際としては、国際関係においては加害者・被害者の位置はいつかは、あるいはいつでも変わりうる。韓国人が大好きでよく使う「国際関係には永遠の友も永遠の敵もない」と同じである。だから日本人が韓国に対し被害感情を持ってもおかしくはないし、ありうることなのだ。

ところでよく考えてみると、実は日韓関係においては過去にも日本人が対韓被害意識を感じさせられたことは結構あるのだ。新構図下での日韓関係の今後を考える意味で、日本が韓国（朝鮮半島）とのかかわりで経験した「被害体験」「被害意識」の歴史を振り返ってみる。

「北の脅威」から始まった

まず古代史において百済《くだら》復興を支援した7世紀の「白村江《はくそんこう》の戦い」のことからはじめる。これは日本の朝鮮半島とのかかわり方を考えるうえでは、今もなお重要な意味を持つ日本の朝鮮半島原体験だ。それは日本にとって初めての〝被害体験〟でもあった。

この出来事は、高句麗《こうくり》、新羅《しらぎ》、百済の3国に分かれていた朝鮮半島の統一過程で起きた。唐《とう》（中国）の支援を受けた新羅によって百済が滅亡する際、百済から日本（倭《わ》＝大和《やまと》朝廷）に支援の要請があった。最新の研究によると当時、日本からは3万7000人もの兵力が海を越えて派遣され、百済・日本の連合軍として半島中西部の「白村江」の河口（現在の群山《クンサン》）で新羅・唐連合軍と戦った。

結果は百済・日本連合軍は惨敗し、日本軍は壊滅的打撃を受け敗退した。この後、日本は新羅あるいは唐の軍事的脅威にさらされることになり、北九州では築城や「防人《さきもり》」の配置など防備体制が敷かれた。

これはその後、日本の伝統的な安全保障観の基本になる「北の脅威」の始まりだったが、この時の百済支援の失敗は日本に大きな〝被害意識〟をもたらした。古代国家挙げての「北方への備え」はその被害意識の表れだった。

当時、日本は大和朝廷と百済王家との深い関係から百済支援に赴いたのだが、朝鮮半島は統一国家形成に向けて3国が相争う激動の時代だった。結果論的にいえば、日本はその紛争に巻き込まれ、あるいは介入させられ、大きな被害を受けたことになる。

もちろん日本もそれなりの国家利益を求めての支援、介入だっただろうが、結果的に被害を受けたことになった。こうした朝鮮半島の内部事情に対する日本の関与と、そこからもたらされる日本の被害というのは、その後、現代に至るまで繰り返される日韓関係の基本図式になる。

さらに日本の被害体験としては、13世紀の「元寇《げんこう》」といわれる「蒙古襲来《もうこ》」が典型的だ。中国大陸に王朝を建てたモンゴル族の「元」は朝鮮半島の高麗《こうらい》を支配し、高麗軍とともに鎌倉時代の日本に侵攻する。遊牧民族のモンゴル軍には水軍はなかったため、高麗軍を使って海を渡ってきたのだ。「北の脅威」の再現、いや現実化である。

「文永《ぶんえい》・弘安《こうあん》の役」といわれ、二度にわたって侵攻を受けた日本は、朝鮮半島に近い壱岐《いき》・対馬や北九州一帯でひどい惨禍を被った。「北の脅威」で現実的に被害を受けたのだ。これは日本人の民族的トラウマとなって「北方大陸勢力の膨張が朝鮮半島を経由し日本の安全を脅かす」という、その後の日本の安全保障思想の根幹となった。

一方、16世紀末の秀吉軍による朝鮮半島侵攻（日本では文禄・慶長の役、韓国では壬辰倭乱《イムジンウエラン》）

は、逆に戦国時代を経た日本の軍事力の北方への膨張だった。結果的には明《みん》（中国）が朝鮮を支援したことで中朝連合軍との戦いとなった。

戦乱は長期化し彼《か》の地に大きな惨禍をもたらしたため、朝鮮（韓国）においてはその被害の記憶はいまだに語り続けられている。

ただ日本としては秀吉の死によって撤退を余儀なくされ、大陸進出の野望は挫折《ざせつ》した。日本は加害者だったが、挫折という結果からある種の被害意識が残った。というのは、戦争における途中での撤退は敗戦ということにもなるからだ。

だから韓国ではあの戦乱をむしろ〝戦勝〟と教えている。大陸を目指しながら朝鮮半島で苦戦した日本としては、その体験は必ずしも加害体験だけではなく、被害体験でもあった。

開化期・朝鮮への悲憤慷慨

以上の歴史体験はいささか古過ぎるかもしれない。以下は明治以降の近現代史における朝鮮半島体験である。

この時代の歴史について韓国では、日本は一貫して侵略者＝加害者になっており、自らは「千年経っても変わらない被害者」と思い込んでいるが、コトはそれほど単純ではない。固定的な観点から脱してそのことを書いてみる。

まず明治維新の際の話だが、鎖国していた幕藩体制を脱し近代国家を目指す日本の明治新政府は、朝鮮に対し新たな修交を求めて国書を送った。ところが日本の新体制（王制復古）を伝達するその国書に天皇を意味する「皇」の文字があったため、朝鮮朝廷は受け取りを拒否する。中華思想による「華夷《かい》秩序」では「皇」つまり「皇帝」は中国にのみ存在するものであって、日本がそれを称することは彼らにとっては許されないことだった。

国書の拒否は国交拒否である。交渉は進まず、日本側ではいわゆる「征韓論」が起き、世論の対韓感情は悪化する。当時の朝鮮側には、この地域の伝統的な「華夷秩序」のなかで「皇」を認めたくないという事情があったわけだが、近代国家スタートで意気上がっている日本には配慮の余裕などない。逆に「朝鮮はケシカラン」という被害意識となって征韓論につながった。

この「皇」の問題は今も続いていて、韓国のメディアは現在も日本の「天皇」という公式呼称を拒否し、世界のどこにもない「日王」という勝手な表記にしているのはその流れである。「日王」という表現に接すると多くの日本人は不愉快になる。「日王」問題は章をあらためて書く（第五章）。

日朝修交問題は難航の末、結局、日本の力の誇示によって実現する（1876年、明治9年）。日本が米国のペリー艦隊の圧力を受け修交し開港したように、日本も軍艦「雲揚《うんよう》号」

を派遣しその圧力で朝鮮を門戸開放させた。そして朝鮮内部の近代化を支援することになるのだが、ここでまた摩擦が起きる。

韓国内部に開国をめぐって権力闘争があり、その過程で日本人軍事教官殺害など反日暴動が起きる。日本公使館は焼き討ちされ、公使以下館員たちは命からがら日本に避難する（1882年、壬午軍乱《イムオ》）。これを機に日本の影響力は後退し宗主国・清《しん》（中国）の力が強まり、後の日清戦争（1894—95年）につながる。

日本人殺害に日本公使館焼き討ちとあっては日本の世論は被害感情を刺激され、怒る。韓国の近代化支援というある種の押しかけ、ないしおせっかい（?）の結果だったが、被害には違いない。

この時期、韓国内部では開化派と守旧派による激しい政争が展開されていた。そこで開化派が日本の支援を期待して起こしたクーデターが「甲申政変《カプシン》」である（1884年、明治17年）。しかし日本が清の動向を懸念し支援をためらったため政変は失敗。中心人物だった金《キム》玉均《オッキュン》らは再起を期して日本に亡命する。

彼らに対し日本では福沢《ふくざわ》諭吉《ゆきち》ら主に民間が支援し、政府は清との関係に配慮し支援に消極的だった。

金玉均は日本を転々とするなか10年後の1894年、上海《シャンハイ》に出かけた際に、朝鮮朝廷から派遣された刺客によって暗殺される。日本政府はその遺体の日本送還を要求したが、清はそれを拒否。朝鮮に送られた遺体は「反逆者」として文字通り八つ裂きにされ、さらし首となった。

これに対し日本では民間を中心に清や朝鮮に対する〝悲憤慷慨《こうがい》〟が高まり、この日本世論の悪化が日清戦争につながったとの説もある。この時の日本世論もまた、朝鮮半島をめぐるある種の被害感情である。

いわば日本は、金玉均という韓国内部の政治的対立の産物にかかわることで、日清戦争にまで突き進んだことになる。もちろん日清戦争は、朝鮮半島をどちらが支配するかという日清両国の覇権争いの結果だったから、日本の国益追求の動機はあった。

しかし角度を変えて考えれば、日本は朝鮮半島の内部事情に巻き込まれたとみることもできる。もし日清戦争に負けていれば、その被害意識はもっと強くなっただろう。金玉均の日本亡命と暗殺事件は、それからずっと歴史を下っておよそ80年後の1973年に起きた「金《キム》大中《デジュン》拉致《らち》事件」に重なる。これは後でまた触れる。

壮絶な加害と被害の歴史

日清戦争で日本が勝利した後、朝鮮は清（中国）のくびきを脱し「大韓帝国」となるが、一方で清に代わってロシアが進出する。とくにロシア・フランス・ドイツによる「三国干渉」で日本が後退するとロシアの影響力が増大し、韓国内部に親露派が台頭する。親露派の象徴が王妃・閔妃《ミンビ》だったため、日本による「閔妃暗殺事件」が起きる。朝鮮半島をめぐって「北の脅威」であるロシアと覇権争いをめざす日本は、力で親露派の排除を強行したのだ。事件は〝日本の蛮行〟として国際世論の非難を受け、韓国では後世にまで恨みを買うことになった。日本にとって歴史的痛恨である。

20世紀に入ると、朝鮮半島は日本とロシアの覇権争奪の舞台となる。日露戦争（1904―05年）では日本が勝利したものの、韓国内部では日本支配への抵抗が続き、皇帝・高宗《コジョン》は秘《ひそ》かにロシアに支援を求める。「ハーグ密使事件」（1907年）だが、日露戦争で疲労困憊《こんぱい》の状況下で、ロシアに内通するという韓国の〝背信〟は日本に衝撃を与えた。

その不信感が後の韓国併合（1910年、明治43年）につながるが、併合に先立って伊藤《いとう》博文《ひろぶみ》暗殺事件が起きる（1909年）。犯人の抗日独立活動家、安重根《アンジュングン》は暗殺の動機の筆頭に「閔妃暗殺への報復」を挙げている。

殺し、殺されの凄絶《せいぜつ》な日韓近代史だが、日本にとって韓国支配の代償もまた大きかったのだ。この代償には当然、被害感情がともなう。

朝鮮半島情勢をめぐって王妃暗殺という加害が、伊藤博文暗殺という被害を生んだのである。「ハーグ密使事件」も伊藤博文暗殺事件も、韓国にとっては当然の抵抗だったが、日本にとっては被害である。

韓国併合・統治時代（1910―45年）には大規模な「3・1独立運動」（1919年、大正8年）があった。「独立万歳」を叫ぶ抵抗運動だったため日本では「万歳騒擾《そうじょう》事件」と称された。鎮圧にあたった日本官憲との間で流血の衝突があり、日本側にも被害意識がともなった。

そのほか抗日運動として各種のテロ事件がある。日本国内では無政府主義者による天皇・皇太子暗殺計画とされた「朴烈《ぼくれつ》事件」（1926年）や、天皇の馬車行列を狙った抗日爆弾テロ「桜田門《さくらだもん》事件」（1932年）もあった。日本の治安的観点からすると「朝鮮」をめぐって被害意識がつのることになる。

さらにいえば韓国での3・1独立運動から4年後に、日本では関東大震災（1923年）が起きた。この時、東京や横浜などで居住する韓国（朝鮮）人が多数殺害される事件があった。大震災で人びとがパニックに陥るなか、朝鮮人が放火したとか、井戸に毒を投入したとか、襲撃してくるといったウワサ（流言飛語）が流れ、不安や恐怖にかられた日本人によって殺害されたという。

これには3・1独立運動が影響していたとする説を耳にしたことがある。韓国における「騒擾事件」のイメージから、日本人の韓国人に対する心理に報復という恐怖感があり、それがヘイト（民族憎悪）的な流言飛語になり人びとが動かされたというわけだ。被害意識は簡単に加害意識に転化する？

報復と苦難の亡国体験

日本人の対韓被害感情というのは、戦後により表面化する。「戦後体験」としての対韓被害感情には三つの局面があったのだが、その前に「戦後」につながる1945年8月の、朝鮮半島における日本人の敗戦体験のことに触れておく。

終戦当時、朝鮮半島には軍関係を含め約100万人の日本人がおり、うち民間人は約70万人だったという（森田芳夫著『朝鮮終戦の記録』巌南堂書店刊、参照）。敗戦によって彼らは日本への撤収を余儀なくされる。8月15日の敗戦（解放）とその後の引き揚げにまつわる日本人の体験の一端は、拙著『隣国への足跡』（角川書店、2017年刊）で紹介したが、異郷での亡国体験は当然、苛酷《かこく》なものだった。

直後には報復もあったし、引き揚げに際しては手に持ち、背負えるモノ以外はすべて放棄させられた。米軍進駐の南とソ連軍進駐の北では明暗が分かれたが、北からの引き揚げにはより苦難がともなった。敗戦による民族的苦難は、非情にいえば〝自業自得〟ということにもなるが、それでもすべてを放棄させられたうえ、報復を含む苦難の引き揚げとあっては、それは当然、被害体験になる。

ただ以上は現地（外地）での引き揚げ体験であって、日本国内での戦後体験では必ずしもない。しかし戦後の日本社会でも実は〝報復被害〟があったのだ。

日本居住の一部の朝鮮人（当時は〝韓国人〟という呼称はまだ一般的ではなかった）たちが、いわゆる戦勝国気分で不法行為など横暴を働いたからだ。

秩序無視の不法行為だから日本人社会に直接的被害が生まれる。「日本人が何だ」「敗戦国民のくせに」といって殴られたとか、奪われたとか。日本人には彼らの〝豹変《ひょうへん》〟ぶりがきわめて印象的だった。引き揚げ者が現地で経験したことが、日本国内でもあったのだ。その驚きや不快感は口コミで広がる。

まずこれが戦後の対韓被害体験の一つで、二つ目がいわゆる「李承晩《りしょうばん》ライン問題」である。日韓国交正常化前で戦後的雰囲気は残ってはいたが、新しい韓国との関係で新たな被害意識がもたらされるのだ。

解放後の新生・韓国の初代大統領になった李承晩は、独立運動家出身で当然、反日的だった。日本が講和条約の発効前でまだ連合国の占領下にあった1952年（昭和27年）1月、韓国は漁業資源保護を理由に朝鮮半島の周辺海域を大きく囲い込む「李承晩ライン」の設定を一方的に宣言した。問題の竹島（独島）もその中に囲い込まれた。

国際法的に不法な措置だったが、韓国はこれを自国領海のようにみなし、越境してくる日本漁船を次々と捕獲、連行し、漁船員を抑留した。両国間の大きな外交問題として激しい対立を招いた。

これは日韓国交正常化の1965年まで続き、捕獲された日本漁船は327隻、抑留漁船員は3911人にのぼり、うち8人が死亡した（『海上保安白書・昭和41年版』から）。事態は政治・外交問題にとどまらず、多数の漁船員をめぐって家族の窮状や釈放問題などが社会的に大きな話題となり、日本人の感情を刺激した。文字通りの被害感情である。

以上の二つは日本社会でも記憶が薄れてしまったが、日本人の戦後対韓感情のトラウマとして記録されるものだ。

ところで日韓国交正常化交渉は14年間の長きにわたり難航を重ねた。その交渉過程は日本にとっては過去の支配にかかわる〝ツケ〟でもあり苦痛だった。戦勝国気分の韓国側の厳しい要求や主張に対し、日本側はもっぱら防戦という構図だった。この過程もまた、日本にとってはある種の被害意識につながるものだった。

押し寄せる隣国の内部対立

三つ目の被害局面というのは朝鮮戦争（1950―53年）である。この戦争は朝鮮半島内部の南北の政治的対立という内部要因と、米ソ対立という国際政治上の要因が重なって起きたものだが、日本はその両面において巻き込まれ、被害を受けることになる。

戦後の朝鮮半島における南北対立・分断に関し韓国では、過去の日本による支配・統治という淵源《えんげん》を持ち出し日本責任論がよく語られるが、これは当たらない。米ソ支配下の戦後（解放後）の朝鮮半島に日本がかかわる余地はなかった。しかも戦争勃発《ぼっぱつ》の1950年（昭和25年）は講和前で、日本に国家主権はなかった。

ところが日本はまた（！）否応なしに関与させられ、巻き込まれることになる。

朝鮮戦争で日本は韓国支援の国連軍（米軍）の兵站《へいたん》として後方基地となり、軍需物資供給を担うことで経済的には潤った。「朝鮮戦争特需」は敗戦後の日本経済の復興に大きく貢献した。日本は利益を得て経済復興できたわけだから被害はありえないということになるが、巻き込まれることによる〝被害〟が生じたのだ。

日本は後方基地化することで米ソあるいは南北の対立と戦いが持ち込まれ、いわば〝第2の戦場〟になった。たとえば日本での米軍支援に打撃を与えるためのストライキやデモ、暴動など治安事件が頻発した。皇居前広場の「血のメーデー事件」（1952年5月）などその代表例である。

朝鮮戦争は中ソをバックにした北朝鮮による韓国に対する共産化統一戦争であり、国際共産主義運動の一環だった。その結果、北朝鮮支援＝中ソ支援の活動が日本で展開され、日本の政治、社会を含め広汎《こうはん》な分野で左右対立が深まった。今では想像できないが、日本共産党は当時、武装闘争まで展開している。

いわば国際政治の対立が朝鮮半島経由で日本にもたらされ、朝鮮半島の内部対立がそのまま日本に持ち込まれたのだ。それによって日本の政治や社会は揺さぶられた。経済的に利益はもたらされたけれど、一方では被害も受けたのである。

1970年代以降も、朝鮮半島の内部事情で日本が揺さぶられる出来事が二つあった。その一部は今も進行中だが、いずれも日本にとっては迷惑かつ衝撃的な出来事であり、日本人の被害意識を大いに刺激することになった。

一つは1973年の韓国による「金大中拉致事件」であり、もう一つは70年代後半にはじまる北朝鮮による「日本人拉致事件」である。南北双方が奇《く》しくも「拉致事件」で日本社会を震撼《しんかん》させたのだ。

金大中拉致事件（1973年）は当時、韓国の野党の若手政治家で朴正熙《パクチョンヒ》政権に対し内外で活発な批判活動を展開していた金大中が、東京滞在中に韓国の情報機関によって拉致され、秘かにソウルに連行されたものだ。事件は韓国政府による野党指導者に対する政治的弾圧である。しかも日本での外国公権力（韓国情報機関）の不法行為という主権侵害として、日韓の政治・外交問題に発展した。当然、国際的にも大きな話題となった。

事件の背景は韓国内部における内政上の対立だった。一方（野党陣営）が政権批判を日本でアピールしようとしたのに対し、他方（政権側）がそれを強権で阻止しようとしたのだ。政争という韓国の内部事情が日本に持ち込まれ、それが日本の政治・外交上の大問題になるというのは、過去の朝鮮半島と日本の関係でしばしば見られたパターンである。

日本亡命の「明治の金玉均」は結局、本国からの追っ手によって殺されたが、日本で政治活動中だった「昭和の金大中」も本国に連行中、秘かに殺されかかった（本人の回顧）。金大中はその後、政治生命をまっとうし大統領になるが、日本は事件の後遺症に長く苦しめられた。

日本は事件の被害者だったにもかかわらず、内外で批判された。韓国政府からは野党政治家の反政府活動を容認、放置したと非難され、反政府サイドからは民主化運動（人権）を保護しなかったと非難され、国内外から「日本は民主化や人権問題に冷淡」といって責められた。

端的にいえば、日本は韓国の国内政治上の問題である金大中拉致事件に引きずり込まれ、巻き込まれて、被害を受けたのである。

金大中拉致事件の翌年（１９７４年）には、日本で北朝鮮系と接触があったとされる在日韓国人青年（文世光《ムンセグァン》）による韓国大統領狙撃《そげき》事件も起きている。日本から渡航した大阪出身の在日韓国人が、ソウルで8月15日に行われた光復節記念式典で朴大統領を狙撃し、同席の大統領夫人が死亡した。

日本の当局者が「日本は直接的には無関係」と発言したことから韓国では猛烈な反日運動が起きた。韓国からすれば、在日韓国人が日本国内で親・北朝鮮勢力の反韓国工作に影響され、日本の交番で盗んだ拳銃《けんじゅう》を持ち、日本からやってきて犯行に及んだのだから、日本にも責任あるというのだった。

責任の所在はともかく、このテロ事件もまた韓国の政治事情あるいは南北対立という、朝鮮半島の内部事情に日本が巻き込まれ、日本が被害を受けた出来事だった。

地政学的宿命からは逃れられない

いまだ未解決のまま外交的重要案件として続いている北朝鮮による日本人拉致問題も、朝鮮半島の内部事情によって日本が被害を受けるという典型的な事例である。この問題は周知のように、北朝鮮当局によって多くの日本人が日本から（一部は海外で）秘かに北朝鮮に連れ去られたものだが、その背景は朝鮮半島内部の南北対立である。

朝鮮戦争もそうだったが、北朝鮮は南の韓国を自らの体制下に吸収するという南北統一を国是とし、内外であらゆる工作を続けてきた。韓国大統領に対する暗殺テロや航空機爆破テロをはじめ、数多くの破壊工作を内外で繰り広げてきた。それは北朝鮮にとっては〝南北統一戦争〟の一環だった。

そうした破壊工作活動に必要な人材を育てるため日本人拉致が行われたのだ。その真相の核心は、北朝鮮の女性工作員だった金賢姫《キムヒョンヒ》による大韓航空機爆破事件（1987年）があますところなく物語っている。

金賢姫は「蜂谷真由美《はちやまゆみ》」という日本人になりすまし、日本の偽造旅券を持ち、大韓航空機に乗り込んだ。日本人を装うことで警戒されず、テロがやりやすかったからだ。韓国に対するテロを狙った北朝鮮の工作機関で、彼女が日本人になりすますための〝日本人化教育〟を担当したのが、実は拉致されてきた日本人女性だった。

世界を震撼させたこの航空機空中爆破テロは、あやうく日本人が犯人にされ、日本が巻き込まれるところだった。いや、日本人が拉致されることで実質的には巻き込まれ、テロ犯の金賢姫は日本人を偽装していた。日本は利用されたのだ。日本は明らかに被害者だった。

こうして歴史を振り返ってみると、日本が朝鮮半島における政治的、社会的対立や葛藤《かっとう》、利害関係そして混乱など、その内部事情によって意外に多くの迷惑や被害を受けてきたことが分かる。それは古代から現代まで繰り返されてきている。従来の一方的な日韓の〝加害・被害史観〟からは見えない歴史の一面である。加害と被害が織りなす歴史の様相は決して単純ではないのだ。

ここでは歴史的出来事だけでそれを紹介したが、そのほか朝鮮半島をめぐって日本には歴史には残らないさまざまな被害体験があったに違いない。加害、被害を問わず朝鮮半島が日本に及ぼす影響は多様かつ複雑である。これはこの地域における日本の地政学的な宿命かもしれない。宿命からは逃れられない。

日本では近年、反韓・嫌韓感情から「韓国にはかかわるな」「もう付き合いたくない」「遠ざかるべきだ」……などといった声もよく耳にする。いわば〝遠韓〟あるいは〝離韓〟論だが、お互い引っ越せないという地政学的環境にあっては、それは無理な話だ。

すでに紹介したように、彼の地から押しかけてくることだってしばしばあるのだ。日韓の歴史はそれをよく物語っている。

日本の隣にはそんな民族、国家、人びとが永遠に存在し続けるのだ。繰り返すが宿命からは逃れられない。うまく管理するしかない。うまく管理するためには相手をよく知らなければならない。そして過去の経験を踏まえ、利益の維持、確保はもちろんとして、逆に被害や迷惑は被らないよう、あるいは大きくならないよう、対応に知恵をしぼるしかないのである。

第五章

「天皇」がなぜ「日王」なのか

――韓国メディアこだわりの限界

韓国人における日本の皇室観

日本が「平成」から「令和」に移行した2019年春、韓国でこのことはどのように伝えられたか。日韓関係を考えるうえでは無視できないことだった。日本のいわゆる〝皇室外交〟において、いまだ実現していない唯一の課題である「天皇訪韓」は、令和時代には可能になるのだろうか、といった外交的展望もさることながら、韓国人における日本の皇室観はいったいどういうものなのか。彼らの対日感情の一環としてその実情を探るいい機会となった。

韓国人の皇室観としていつも気になっていることがある。日本の「天皇」が韓国では「日王」と呼称されている問題だ。これは国際的に韓国だけで見られる現象である、なぜ韓国は天皇呼称を拒否するのか。

韓国における「日王」問題の異例かつ特異な点は、韓国政府は相手国の呼称を尊重し従うという国際慣例上の判断から、そのまま「天皇」と呼称しているのに、メディアがそれに従わず「日王」と表記していることだ。その結果、韓国社会では「日王」が定着し、ほとんどの人びとがそう称している。

「天皇」の「日王」への言い換えは、韓国における反日感情あるいは反日情緒の一端である。それにしても外国の国家元首の呼称をめぐって、政府とメディアの呼称が違っているなどというのは世界のどこにもない。韓国だけの不思議である。

韓国メディアはなぜそんなことを平気でやっているのか。日本人にとってはきわめて不愉快である。これは何とかならないのか。その〝ナゾ解き〟が本章の目的だが、まず令和時代のスタートに際して、韓国メディアの報道ぶりを振り返って見る。そこから問題の根っこと展望が見えてくる。「日王」はひとえにメディアの問題なのだ。

「令和」はどう伝えられたか

平成から令和へ――韓国では久しぶりに日本の天皇が話題になった。その退位と即位のことをほとんどのメディアが大きく報道した。とくに新聞の場合は即位（5月1日）と前後し、各紙とも1ページ全面を使った特集記事や社説、コラムなどで大々的に伝えていた。

たとえば保守系で最有力紙・朝鮮日報（4月29日付）はいち早く連載を始め、第1回は一面で「戦後世代の国王登場……日本、未来へリセット」という見出し記事のほか、1ページ全面を使った「戦争の負債意識ないナルヒト即位、（日本は）世界指導国家を夢見る」などといった東京特派員によるレポートを掲載している。

左派系のハンギョレ新聞は3日連続で1ページ全面の特集記事を掲載した。こちらは「ヘイセイ30年、自信感を失った日本……寛容が消えた」（4月30日付）、「平和憲法擁護者の退場……新国王はアベの独走牽制《けんせい》するか」（5月1日付）、「ナルヒト新国王〝世界平和希望〟……憲法守護言及なし」（5月2日付）などと、左翼紙らしくかなり政治的だ。

東亜日報は即位前に「日本レイワ時代が始まる……韓日関係突破口は当分、どうか」「新国王ナルヒト、改憲に批判的立場」（4月30日付）などと伝え、即位後は「ナルヒト〝平和を切に希望〟……父とは違って〝憲法守護〟は言及せず」（5月2日付）と大見出しで報じている。

各紙とも社説では悪化している日韓関係に触れ、新天皇の即位と令和時代の始まりを機に関係改善を期待していた。

ところで韓国のメディアには近年、日本の天皇に関連した報道においてあるパターンが見られた。それは、先の陛下（明仁天皇、現上皇）は平和主義者で憲法改正に反対していて、安倍首相と対立しているという図式である。

その根底には安保重視、憲法改正、国際的発言強化、日本復活……といった安倍首相の主張を〝過去回帰〟として毛嫌いするという、固定的かつ偏狭な現代日本観がある。いわば日本におけるリベラル系や左派など野党・反政府勢力と同じ立場で終始、安倍叩《たた》きや安倍批判を展開する一方で、戦没者慰霊や平和祈願という先の陛下の印象を肯定的に伝え、両者を対照的に位置付けてきた。

その結果、韓国では「天皇・安倍対立説」が広く流布されてきた。今回、各紙が新天皇の即位に際しことのほか憲法問題に関心を寄せているのは、そのせいである。そこで新天皇の即位式のお言葉でも、憲法の部分だけを意味ありげに抜き出して報道していた。社説のなかには次のようなものもあった（ハンギョレ、5月1日付）。

「前任のアキヒト日王は在任中、日本の侵略戦争を謝罪し再発防止を望む発言をするなど〝平和主義者〟として深い印象を残した。ナルヒト新・日王も今後、先王の後を継いで、歴史の歯車を逆に回そうとする安倍首相の試みにブレーキをかける、求心点の役割をすることを期待する」

テレビもまた似たような報道だったが、記憶に残っているのは公共放送のKBSテレビがニュースで「軍国主義を目指す安倍晋三《しんぞう》首相の改憲圧力をどう牽制するかが新・日王の課題である」などと伝えていたことだ。

いずれも現在の日本における天皇と政治の関係について理解不足もはなはだしい内容だが、事実より「こうあるべき」論が韓国メディアの真骨頂だからこうなる。先の「安倍・天皇対立説」から出てきた期待込みの主観的報道である。ついでに余談だが、韓国メディアはそんなわけなので、先の陛下については以前、「朝日新聞の愛読者」説までまことしやかに報道している。

政府は「天皇」、メディアは「日王」

以上、韓国メディアの天皇関連報道で明らかなように、すべてが「日王」であり「国王」となっている。日本における新天皇の即位は各国メディアも報道したはずだが、天皇を「王（英語ではキング）」などと伝えたところは筆者が知る限りでは韓国以外にはない。

従来、中国や台湾など漢字語圏でもそのまま「天皇」と表記してきており、英語圏では「エンペラー（皇帝の意味）」である。そんななかで韓国のメディアだけが今回も「日王」だったのだ。ただ参考までに紹介すれば、韓国で発行されている英字紙は「キング」ではなく「エンペラー」と伝えている。

したがって韓国メディアにおける久しぶりの大々的な天皇報道にもかかわらず、そのどこにも「天皇」は登場しなかった。たとえば即位に関連して「三種の神器」や大嘗祭《だいじょうさい》など宮中祭祀《さいし》を紹介した朝鮮日報の名物コラム「万物相」（5月2日付）でも、天皇の文字はまったく出てこない。

ところが「天皇」が登場した唯一の報道が実はあった。文在寅大統領が退位する「明仁天皇」に対し送ったという書簡のことを伝えるニュースがそれだ（4月30日）。

当時の韓国外務省の発表によると、書簡の内容は「アキヒト天皇は在位期間中、平和の大切さを守っていくことの重要さを強調してきており、韓日関係発展に大きく寄与したことに対する謝意を表した。退位後も両国関係発展のため尽力されんことを期待した」ものだったという。

また同時に李洛淵《イナギョン》首相（当時）も自らのSNSに「韓日関係を重視されたアキヒト天皇さま（ニム）に感謝する」というメッセージを載せたという。いずれも政府の公式表記通りに「天皇（韓国語ではチョンファン）」という呼称を使ったというのだ。

文大統領はこの後、新天皇にも当然、即位の祝電を送ったわけだが、先の陛下に対する〝手厚い謝意〟にはおそらく、韓国メディアの報道のように、韓国における先の陛下に対する思い込みにも似た過剰とも思える評価が作用していたと思われる。その評価には「天皇vs安倍」という政治的期待（？）が含まれる。その意味では「謝意の書簡」というのは、意地悪く考えれば安倍首相へのあてつけでもあったということになる。

このように大統領書簡のことを伝える報道でやっと「天皇」が登場したのだが、朝鮮日報（5月1日付）はこれに関連して珍しく天皇呼称問題に触れている。

それによると大統領官邸当局者は「天皇」という呼称を使ったことについて「新しい日王交替に合わせた外交的行為であって政治的意図はない」といい「政府はこれまで外交慣例上〝天皇〟という表現を使ってきたし、他国もそうしている」と説明したという。

これはその通りであって、問題はこれを伝える朝鮮日報をはじめとするメディアなのだが、記事はその問題は避けている。ただ、メディアとしてもこの際、国際慣例として天皇呼称の正当性を紹介することで、世論に向け「天皇」使用をアピールしようとしたのかもしれない。

「天皇」呼称に向けての試行錯誤

即位関連の報道が一段落した後、韓国メディアにあらためて天皇呼称問題を取り上げた論評があった。中央日報（5月9日付）のコラムニストによる「天皇陛下、皇太子夫婦は美しいカップル」と題する長文の論評だが、これは一見して韓国メディアの天皇呼称をめぐる偏狭さを自己批判しているようにも読めた。

タイトルになっている文言は、約20年前の1998年10月、当時の金大中大統領が日本を公式訪問し皇居を訪れて両陛下に会った際の感想で、論評はそれを金大中の自叙伝から引用したものだ。当時、天皇陛下は「アキヒト天皇」で皇太子は「ナルヒト皇太子」だったが、論評は金大統領が堂々とそう呼称したことを高く評価し、金大中の次のような言葉を紹介している。

「外交は相手を探ることだとすれば、相手国民が望むように呼称するのが当然である。（略）われわれが変えて呼称することで相手を刺激する必要はない」

論評は結局、安倍非難はいいけれど日本国民を敵に回すような外交はよくないといった内容なのだが、金大中大統領は「天皇と総理大臣の分離」という手法で対日外交に成功したという。つまり、日本の国民を味方につけるためには天皇を尊重しなければならない、そのために「天皇陛下」や「皇太子」という呼称を使ったというのだ。

しかしこの論評は肝心の自分の文章ではしきりに「アキヒト日王」とか「日王」と表現し、決して「天皇」という呼称は使っていない。例によって「軍事大国化や憲法改正など歴史に逆行するアベとは違ったアキヒト日王」のことを高く評価しながらも、「天皇／上皇」の呼称は使っていない。

明仁上皇については「ヘイセイ時代は終わったけれども上王の存在感は依然である」といって「上王」などと表記しているのだ。

期待して読んだものの〝羊頭狗肉《ようとうくにく》〟だったようだ。すでに指摘したように、金大中政権のみならず歴代政権とも韓国政府は公式的には終始、「天皇」と呼称してきているのだ。問題は国際慣例を無視し「日王」といい続けるメディアであり、その影響を受けている世論なのだ。

中央日報の論評は天皇呼称を使った金大中の外交的判断を高く評価するという、人ごとのような書き方である。メディアとして「日王」といい続ける自らの問題をどうするかについては、まったく知らん顔なのだ。何を恐れているのか、逃げているというしかない。

ただあえて善意に解釈すれば、天皇呼称に向けての試行錯誤の一環として、そういうかたちで読者に間接的に問題提起したということかもしれない。

平成から令和への移行に際し、実は筆者は韓国メディアの日王表記についてあらためて日本のメディアを通じ問題提起させてもらった（産経新聞、4月30日付コラム「緯度経度」）。

論評は韓国における「日王」表記の背景と経緯を解説した後、次のような文章で締めくくった。

「……漢字を使わなくなって皇（ファン）と王（ワン）の意味の区別も定かでない韓国社会で、『天皇』と呼称したからといって日本に対し悔しい思いをする人などいないだろう。『日王』にすることで韓国が日本より格上になるわけでもない」

「隣国の〝象徴〟に対する配慮と尊重は国民間の相互理解には不可欠な礼儀である。平成から令和への変わり目に、韓国マスコミに対し国際的常識に従った『平成時代の〝日王〟表記』の再考を期待したい」

韓国においても機会あるたびに主張してきたことだが、この論評の後、韓国のメディアに、「やはり『日王』はおかしい、『天皇』と表記すべきではないか」と正面から主張する論評が現われた。

「日王」は愛国主義の自己弁明

朝鮮日報（6月8日付）のコラム「タッチ！　コリア」で、東京特派員経歴のある女性記者の手になるものだった。見出しは「〝天皇〟と親日派」となっていた。

この論評はまず、日本の新天皇即位に際し文在寅大統領が送った祝賀の書簡（祝電？）には天皇の呼称が使われていたことを紹介したうえで「『日王』は最近30年間の新しい韓国語だ」とし、韓国の日本専門学者の言葉を引用してそれは間違いなく「言論用語」だと断じている。

さらに「(日王は）学者の論文用語や外交官の外交用語でもなく、韓国人が日本人との対話で使う言葉でもない。韓国人同士で韓国語で韓国のメディアに文章を書く時に〝私は親日派ではない〟と表示する言葉なのだ」と皮肉っぽく書いている。

論評では、昔はみんな天皇といっていたが、それは愛国心の不足などとは関係ないことだったという。そして日本で天皇の馬車に爆弾を投げた抗日活動家も「天皇」と称したと書いているが、ちなみに筆者がこれに付け加えてあげれば、韓国で歴史上最高の愛国偉人になっている伊藤博文暗殺の安重根も、当時の記録を見ればちゃんと「天皇」という呼称を使っている。

そして論評は「われわれにとって天皇は辛《つら》い記憶を呼び起こす単語だが、日本は（帝国主義時代とは関係なく）古代から自分たちの君主をそう呼んできた」といい、次のように締めくくっている。

「まともに考えてみる時がきた。大統領は日王を天皇と呼んでいるのに言論（メディア）は天皇を日王と書いている。おかしくはないか」

まさに正論である。珍らしく正面から堂々と日王表記を自己批判し天皇表記を主張している。「やっと登場したか……」といささか感慨深かったが、韓国の新聞でここまで明確に日王表記を批判した論評にお目にかかったのは初めてである。しかも最有力紙での主張なので影響力には期待できる？

と思ったのだが、そこはそう簡単ではないようだ。この論評の後、そうした主張が韓国のメディア界で「まともに考えられている」フシは見当たらない。あるいは筆者の知らないところで検討がすすめられているのかもしれないが、とりあえずは一部メディアでの単発的な論評で終わった感じだ。

この論評を掲載した朝鮮日報でもその後、相変わらず「日王」表記が続いている。

ここであえて紹介すれば、その後、筆者がらみでこんなエピソードがあった。新聞社主催のある小さなセミナーで日王問題を提起してみたのだ。

その新聞社は日ごろ保守系の朝鮮日報とは文字通り敵対関係にある左派系のハンギョレ新聞だったが、セミナーは2019年夏から秋にかけて高潮した反日運動を受け、双方のメディアの日韓関係報道における言語表現を検証するというものだった。

発表者には日本人学者も招かれていて、議論内容はそれほど一方的なものではなかった。セミナーは自由参加だったため、筆者は一読者の立場で参加した。

席上、先に取り上げた文在寅大統領の当時の日本非難発言である「賊反荷杖《ジョクパンハジャン》（盗人猛々《ぬすっとたけだけ》しい？）」も話題になり面白かった。日韓関係についてメディアの言語表現を検証するということだったので、発言機会を求め、「日王」という表記問題をアピールさせてもらった。

相手国の国家的な正式呼称の尊重は国際慣例であること、世界で韓国のメディアだけがその慣例を無視していること、ハンギョレ新聞が支持する（左翼・革新系の）歴代政権はその慣例に従っていること……などをあらためて指摘し「最も進歩的で開かれたメディアとして市民主義が看板の貴紙こそ表現正常化の先頭に立つべきではないのか」と。

これに対し主催者ははじめ誰も何もいわなかった。想定外の問題提起で、かつ危ういテーマだっただけに当惑による沈黙しかなかったようだ。こちらとしては保守系の牙城《がじょう》である朝鮮日報に変化の兆し（？）が見られることを踏まえ、対極に位置する左派の代表的メディアにも一石投じてみたのだ。もちろんハンギョレ新聞もその後、依然、「日王」に変化は見られないのだが。

「日皇」もあった

韓国のメディアにおける「日王」表記について、先に紹介した朝鮮日報記者の論評は「最近30年間の新しい韓国語だ」としているが、実際はそれには若干の変遷がある。

筆者は二度目のソウル勤務で１９８９年1月にソウルに赴任した。２０１９年はそれ以降、ちょうど30年だから、平成時代の30年を韓国で過ごしており、その呼称・表記の変遷を目撃しているのだ。

論評がいう日王表記の最近30年間は、日本でいえば「平成30年間」にあたり、その時期に「日王」が定着したということだ。ただ「日王」がそのまま30年間ずっとそうだったわけではは必ずしもない。韓国メディアでも実は「天皇か日王か」で葛藤《かっとう》があったのだ。以下でそのことを紹介する。

「日王」が30年前から使われるようになったのは事実として、ではその前はどうだったのか。韓国のメディアはそれ以前はもっぱら「日皇《イルファン》」だったのだ。筆者の韓国体験は１９７０年代からだが、当時の記憶ではほとんどの場合、「日皇」だったと思う。時には「天皇」も散見された。

この「日皇」は「日本天皇」の略だから天皇という表記に準じる。つまり「王」に対して呼称としては上位になる「皇」を拒否してはいなかったのだ。ただ「日皇」という略称については、「天皇」という呼称にはどこかひっかかる心理があったため好まれた、という背景があったかもしれない。

というのは、「天」の文字が東アジアの伝統思想では「天帝」という言葉があるように、この世を統べる宇宙神に等しい存在を意味する。とすると「天皇」とは「天の皇帝」という究極の尊称ということになる。あまりの尊称なので東アジアの他者からすると落ち着かない。

そこで「天」をはずし「日皇」と軽量化（?）して使うことになったものと思われる。略称というのはしばしば、物事や相手の重みあるいは権威を軽くし、格下げすることを意味する。

それでも「日皇」だから「皇」は残った。当時は韓国社会に日本統治時代を経験した世代が多数存在したからである。つまり天皇を経験した世代にとっては、天皇は天皇でしかありえなかった。そしてきわめて日本的な呼称である天皇だからこそ、その呼称に日本を感じることができた。「皇」を残した「日皇」がさしたる違和感なくメディアや世論に受け入れられたのは、そうした世代的背景があったからだろう。

昭和天皇崩御で「日王」に

しかしその「日皇」がある時点を境にして「日王」に一変する。そのきっかかになったのが30年前の1989年である。1989年に何があったかというと昭和天皇の崩御である。

この時も韓国のメディアには天皇をめぐる報道があふれた。そしてこれを機にメディアから「日皇」つまり天皇が後退し、「日王」にとって代わられるようになったのだ。この呼称の変化の真相は明らかに呼称の格下げである。「王」は「皇」より下位の呼称であるという価値判断の下でそうなったのだ。ではこの時期になぜ？

1989年、昭和天皇の死をきっかけに韓国メディアでは突然のように天皇論議が起きた。あの時の天皇への関心は、おそらく解放後（日本では戦後）において初めてのことではなかったか。

解放後の韓国では日本の天皇がメディアで関心の対象になることはほとんどなかった。「日皇」として時に報じられることはあっても、それは日本での出来事で、どこか遠くの話であり、日常においてことさら意識される存在ではなかった。

それが昭和天皇の死によって急に話題として浮上したのだ。先に「歴史まみれ」のことを書いたが、歴史好きの韓国メディアにとっては格好のテーマになった。そしてこの時期に「皇から王へ」の格下げが行われた背景には時代的雰囲気があった。民主化とナショナリズム（愛国心）の高揚である。

韓国では1987年、全斗煥《チョンドファン》軍事政権に抗する反政府・民主化要求の大規模デモで改憲が行われ、大統領直接選挙制を核とする政治的自由化、民主化が始まった。1988年にはソウル・オリンピックが成功裡《り》に開催され「われわれもやれる」との自信感があふれた。民主化とオリンピック開催によって韓国人の〝民族的自尊心〟はいやが上にも高まった。

1988年にスタートした盧泰愚《ノテウ》政権は軍人出身大統領だったが、「普通の人の時代」を看板に民主化政策を進めた。それは国家中心という権威主義の否定であり「権力より民衆」という民衆史観をもたらした。社会的には過去否定とある種の下克上的な雰囲気が広がった。

制度的には言論・出版の自由や労働運動、左翼思想の解禁などがこの時代に始まった。日本でいえば敗戦後のいわゆる戦後的雰囲気に似ている。こうした社会的雰囲気はメディアに大きな影響を与える。それは韓国でいつも重要な関心事になっている対日問題にも及ぶ。メディアにおける「皇から王へ」の呼称の格下げはその産物だった。

昭和天皇の崩御は1989年1月7日だった。韓国ではその葬儀（大喪）への弔問特使派遣が問題になった。その際、大統領が弔問特使になることに反対する主張が新聞の社説として掲げられた。その代表例が朝鮮日報（1月10日付）の社説で、以下のように書かれていた。

「日王ヒロヒトの葬儀に韓国の大統領が列席するということは、ヒロヒトの罪科をわが国民の名で忘れ許すことを意味する。われわれはまだそれはできない。われわれは独立国民としての国民的準則と国家的原則を固守しなければならない。われわれが死者に対する信義よりその罪を糾明しようという原則を固守するのは、日本との対等な関係定立のためである」

「日王ヒロヒト」という表現がすこぶる印象的である。このあたりが韓国メディアで「日王」が広がるきっかけになったのではなかったか。

「日皇から日王へ」の格下げはどこかで誰かが決定し指示したものではなかった。したがってしばらくは「日皇」や「天皇」が混在していたように思う。ただこの時期、期せずしてメディア界に「皇」への拒否感が生まれ、それが定着してしまったのだ。

当時、筆者はその経緯を有力新聞の幹部に聞いてみたことがある。その時の答えは「われわれはもはや日本の植民地でもないのに、なぜ属国のように日本人の呼称をそのまま使う必要があるのか、王でいいではないかという声が、取材や編集の現場で大勢を占めたからだ」というものだった。

「天皇」拒否の理由としてここでは、韓国はもう日本の植民地でも属国でもないからといい、先の朝鮮日報社説でも「独立国民」とか「日本との対等な関係」を強調している。つまり「天皇」とか「日皇」の呼称を使うことは、韓国が日本と対等ではなく、日本の植民地か属国であるような気がするというのだ。したがって「独立国民」としては「皇」は使いたくない、「王」でいいじゃないかといっているのだ。

この論理と心理には「皇は王より上位の呼称だ」ということと、韓国には過去に「王」が存在したから、日本と対等（独立国民）という意味では日本も「王」であるべき、という考え方がある。これは結局、「皇と王」という位階つまり上下関係へのこだわりであり、日本（皇）の下には立ちたくないという心理である。

金大中時代のつかの間の「天皇」

「皇と王」の上下関係つまりこの位階秩序というのはその昔、中国（華）に皇帝が存在し、その下に王をいただく周辺国（夷《い》）が存在したという中華文明圏における、いわゆる「華夷秩序」のことである。ところが、もはや中国には皇帝は存在せず、韓国にも王はなく、したがってこの地域に「華夷秩序」など消えて久しいにもかかわらず、韓国メディアに突然、その位階思想が亡霊のように復活したのだ。

ただ歴史的には韓国では「皇」へのこだわりは結構、ひんぱんにあって、それが時に国家的な禍《わざわい》をもたらしている。

日本との関係でいえば、先の章でも触れたように、明治維新に際して日本から朝鮮に送られた国書における「皇」に対する反発がそうだ。さらに古くは17世紀に中国で満州族の清王朝がスタートした時も、「夷」にあたる清の「皇帝」呼称に反発して酷《ひど》い目に遭っている。

その一方で、高麗時代（10―14世紀）の初期に「皇帝」の呼称が使われたことがあり、19世紀末の日清戦争の後、朝鮮半島で清の支配が後退した際、「大韓帝国」が発足し「高宗皇帝」が誕生している。韓国にも「皇」が存在したことがあるのだ。

韓国メディアにおける「皇か王か」の問題に戻れば、1988年のソウル・オリンピック後の「民主化とナショナリズム」の高揚が、彼らに19世紀以前の「華夷秩序」意識を甦《よみがえ》らせたというのは実に皮肉である。これもまた、相手が日本となると何でもありということだろうか。

「日皇」に代わって「日王」が一般的になった韓国メディアにその後、今度は「皇」への揺り戻しがあった。感情論ではない国際慣例という理性からくる是正の動きである。

「日王」への移行から約10年たった金大中政権発足直後の1998年5月のことである。当時の外相が外信記者クラブで会見した際（5月13日）、天皇訪韓の展望に関連し呼称問題が話題になった。その時、外相は政府は従来から「天皇《チョンファン》」と呼称しており、政府としては結論は出ていると発言した。

これに対して早速、メディアから批判が出たのだ。その代表的なものを紹介すると「外交的礼儀を国民の一般感情にまで強制することはできない」と題する中央日報（1998年5月15日付）の社説で、過去の被支配の歴史を指摘したうえで次のように反対している。

「われわれは日本の国民のように日本国王を特別に尊重することはできない。われわれとしては日本の国王を普通名詞である〝王〟と呼称することで、外国に対する通常的な礼儀は果たしていると考える」

天皇は日本に対する特別な尊重にあたるから普通の王でいいというのだ。これは「独立国民」で「対等な関係」としては「王」でいいのだとした10年前のメディア論調とまったく同じである。この時、外相非難の声明を出した野党（保守系）は「わざわざ天（の文字）を入れて呼称することは、国際関係でも民族情緒においても合わないことだ」と非難している。これは「天」にもこだわっているのだ。

ただ部分的には異論も出ていて「（天皇という）公式称号の使用は外交的、文化的に敗北や屈辱を意味するものではない」（5月18日付、文化日報）とか、天皇は日本の固有名称であって韓国の王との上下関係で考える必要はないとし、メディアの「天皇」拒否を感情的と批判する声（5月18日付、中央日報）もあったが、いずれも外部の識者の意見になっていた。

こうした一連の議論は、結果的には同じ年10月の金大中大統領の日本訪問に向けた地ならしになり、大統領自身もその後、政府の公式見解として外相と同じ内容のことを語っている。

その結果、大統領訪日を機にメディアの約半数が天皇呼称を使うようになった。とくに東亜日報（10月8日付）は社告まで掲載し「外交慣例」を理由に天皇呼称の使用を宣言している。記憶によると当時、「日王から天皇」に戻したのは東亜日報やKBSテレビなどで、朝鮮日報やMBCテレビなど約半数は従わなかった。

「日王」へ一気に回帰

この分裂状態がしばらく続くのだが、次の盧武鉉政権（2003—08年）になるとまた揺り戻しがあり、全面的に「日王」が復活する。

きっかけは2005年1月の盧大統領の年頭記者会見だった。天皇訪韓問題に関連した質問に答えるなかで「世界的、普遍的にそう呼ばれているのかどうか自分は確認していないため、天皇というべきか日王というべきか準備ができていない」と発言したのだ。

彼は初の解放後生まれで、革新系の型破り大統領だったが、「準備ができていない」とは妙な発言である。本人はすでに就任直後の2003年6月に日本を国賓訪問し、天皇会見も経験しており、公式には天皇呼称を使っているにもかかわらずだ。

このあいまい発言は「メディアについて」ということだったのかもしれないが、明らかに逃げている。メディア＝世論を説得する気配はまったくなかったのだ。「日本何するものぞ」の若い世代を支持基盤にした対日雰囲気のせいだったのだろうか、このころからメディアは「日王」に回帰しはじめた。

この盧大統領発言に先立って東亜日報（２００４年10月3日付）は、それまでの天皇表記を「国王」ないし「日王」に改めるというお知らせ記事を掲載している。その際の説明は「立憲君主国の国家元首の呼称は一般的、普遍的には国王ないし王なので、日本についてだけ区別する必要はないと判断した」となっていた。

当時、東亜日報は筆者の取材に対して「他国の元首に皇帝がいても国王と表記する」と答えていたが、その後、他国の皇帝についての表記は目にしていない。

結論的にいえば、こうした一般論を装った説明は屁理屈《へりくつ》に近い言い訳であって、本音はひたすら「天皇」という呼称を使いたくないからである。その背景は、日本をあがめ自ら下に立ったように感じるという、歴史にかかわる対日感情である。

天皇呼称を使うことは日本に特別に配慮したことになるという理屈は、日本への民族的コンプレックスである。その特異な対日感情は今も続き、韓国メディアは「日王」と表記し続けている。そこには「日王」と格下げすることでコンプレックスが癒《いや》されるという心理構造があるということだ。

とすると、そうすることで彼らが心理的満足感ないし安心・安定感ではなく、逆にそうしたこだわりの空しさ、バカバカしさ、あるいは惨めさ……を感じるようになるまでは「日王」は続くということになる。先に紹介した2019年夏の朝鮮日報の論評は「もう日王はやめよう」と主張していたが、これは韓国におけるいわば15年ぶりの「天皇か日王か」論議だった。

今から約30年前、「日王ヒロヒト……」といって「日王」表記を煽《あお》った同じ新聞だから隔世の感がある。

これをあえて裏読みすれば、実は「世界の中の韓国」を誇らしげに語ってやまない韓国メディアが、世界で唯一、「日王」などと表記して溜飲《りゅういん》を下げているという、自分たちのいじけた（?）姿に気付き、内心は自尊心を傷つけられているということかもしれない。天皇呼称をめぐる韓国メディアの変化、いや正常化は、こういうことからはじまるしかない。

第六章

左翼権力エリートの偽善

——曺国スキャンダルの文化人類学

朴槿恵と文在寅の道徳性

２０１９年夏から秋にかけ韓国社会を揺るがし、日本でも連日、テレビのニュースショーの話題になった「曺国《チョグク》スキャンダル」は、後に文在寅政権の分水嶺《ぶんすいれい》だったといわれるのだろうか、それともささやかなエピソードとして記憶されるだけなのだろうか。

韓国の大統領は5年任期の単任制なため、２０１７年5月スタートの文政権にとってはちょうど中間点だった。あの事件は文大統領自身が就任に際し国民に公約した公正・平等・正義という、政権のアイデンティティ（存在証明）を傷つける出来事だったが、そこには韓国の現実政治の実態とともに、韓国社会の伝統的な〝文化〟が潜んでいた。韓国政治、韓国社会、そして韓国人を知るための貴重な風景として、蘊蓄《うんちく》を傾けてみたい。

曺国スキャンダルは文政権を窮地に陥れ、内外で非常な関心を集めたのだが、長年の韓国ウオッチャーである筆者にとってあの風景は意外に見慣れた、どこかデジャビュ（既視感）の世界だった。

しかしこの感覚は筆者だけだったようで、当事者の韓国社会はまるで初めて経験するかのように大騒ぎし、興奮した。このスレ違いは過去の似たような政治スキャンダルの時もそうだった。このスレ違いがある限り、今回のような〝曺国型スキャンダル〟は今後も繰り返されるに違いない。

曺国スキャンダルの真相に迫るためには、まず文在寅政権を生んだ前政権の〝朴槿恵・崔《チェ》順実《スンシル》スキャンダル〟のことに触れる必要がある。文政権はなぜ生まれたのか？

韓国政治においてはいわゆる「道徳性」がことのほか重要視される。各種の世論調査でも「政治指導者に求められるもの」はいつもそれがトップ条件になっている。

道徳性というのは日本人には分かりにくい。われわれにピンとくるのは「公衆道徳」くらいなものだが、韓国ではもっとも重くて広い意味をもつ。端的にいえば「人としてのあるべき道、あるべき姿」といった感じのものだろうか。人間としての倫理つまり「人倫」の基本というわけだ。

「道徳性」なる言葉は韓国政治では今もよく登場するが、具体的には何のことか。

それが語られる状況から判断すれば、たとえば金銭問題を中心にした身辺の「清潔さ」を意味する場合が多い。それにウソをつかないとか、金銭問題を含むいろいろな不正を拒否し、それを憎む正義感とか、弱者への気配りなど国民への愛情とか……。

文在寅政権は保守政権だった前任の朴槿恵大統領を、「ロウソク」を掲げた大規模な反政府街頭デモで追放して誕生した。朴槿恵追放の政治的過程は、職権乱用など憲法に反する行為があったとする議会での弾劾決議と、憲法裁判所による弾劾承認による辞職だった。しかし実態的には「ロウソクデモ」という政治的圧力（ポピュリズム）に、議会も憲法裁判所も影響された結果である。

この政権交代を文在寅政権は「ロウソク革命」と称しことあるごとに誇らしく語ってきた。「革命」とはいささか大げさだが、その結果、学校教科書に出てくるフランス革命の自由・平等・博愛にヒントを得たのだろうか、自称・革命政権の公約として公正・平等・正義を掲げたのだ。

それがまさに韓国政治の徳目である道徳性ということになる。したがって文政権は道徳性を看板にスタートしたというわけだ。この道徳性に「公正」が含まれているのには理由がある。これは朴槿恵追放の理由、背景と深く関係する。

朴槿恵が弾劾で大統領の座を追われ、さらに刑事事件の被告となって法廷に立たされるにいたった違法・不法行為は「国政壟断《ろうだん》」といわれた。「国政壟断」という罪は法律上は存在しないが、その疑惑というのは、長年の私的友人（女友達）だった崔順実を側近のように振舞わせ、各種の違法行為を黙認したり手伝っていたこと（職権乱用）などで、それが「国政壟断」だというのだ。

疑惑の代表例になったのが、崔順実が設立を目指していたスポーツ財団の資金集めに際し、朴大統領が財閥に見返りを与えて資金を出させたというもの。朴槿恵自身が財閥からの金を自らのポケットに入れたわけではないが、崔への資金提供を財閥に口利きしたというのだ。検察捜査は二人を〝経済共同体〟だったとし、財閥の資金提供はワイロになるとの理屈で起訴した。

そのほか朴大統領が演説の送稿を崔に相談したとか、国会議員選挙を前に与党内の公認候補選びに不当介入したとか、情報機関からの活動資金の受け取りとか、さまざまな疑惑が「職権乱用」などとして非難、起訴された。事件は時に〝崔順実スキャンダル〟とさえいわれた。

当初、世論の関心はどこか正体不明の私的な女友達・崔順実に集中し、朴大統領との関係を誇示しての各種の疑惑行為は世論をいたく刺激した。それが結局、朴槿恵への非難、弾劾にまで発展した。

ここであえて朴槿恵のために弁明すれば、早くして両親をテロや政治的暗殺で亡くした未婚だった彼女は、唯一の親族である兄妹とその家族さえ大統領官邸に近づけなかった。長期政権だった父のそばで、権力をめぐる人間模様を目撃したため人間不信が強かった。その孤独で潔癖な人生において長年、接触のあった数少ない私的友人・崔順実が、皮肉にもいわば〝擬似家族〟となって朴槿恵の権力内部に入り込み、利益にありつこうとしたというのがスキャンダルの実態だった。

この一連の過程で世論は事件の何にもっとも怒り、かつ興奮し、なぜ政権退陣まで要求する大規模デモにまでなったのか、これが問題の核心である。

民心は何に怒ったか

朴槿恵・崔順実スキャンダルにおける民心の最大の怒りは、実は「国政壟断」とか「職権乱用」とか財閥への口利き疑惑など、朴槿恵自身のことでは必ずしもなかった。端的にいえば崔順実の娘の大学不正入学疑惑である。

これがマスコミで暴露されるにおよんで世論の怒りと興奮は一気に高まった。われもわれもと非難のロウソクデモが街頭に繰り出し、ソウルの都心を埋めた。それは最盛期には地方都市を含め全国に広がった。いわば革命的雰囲気である。

母子家庭の崔順実には「鄭《チョン》ユラ」という一人娘がいた。学校の成績はよくなかったようだが乗馬をよくし、高校時代にアジア競技大会の馬術で金メダルまで取っている。そこで母親は娘を名門の梨花《イファ》女子大の首脳陣に頼み、スポーツ特待生として〝裏口入学〟させた。それができたのは明らかに「大統領の友人」というバックのお陰であり、梨花女子大側の〝政治的忖度《そんたく》〟の結果である。この疑惑に世論は刺激され怒りを爆発させたのだ。

「権力をバックにした名門女子大不正入学！」は人びとの感情に火をつけ、朴槿恵・崔順実非難の大デモとなり、ついには朴槿恵は大統領の座を追われた。そのデモ（街頭政治）を主導することで政権を握ったのが文在寅である。

韓国では毎年晩秋に実施される大学入試の全国共通テスト「修学能力試験」は「スヌン（修能）」といわれ、挙国的行事になっている。メディアは数日前から一斉に受験生の体調管理や家庭の対応など受験の心がまえを説く。受験当日、パトカーや白バイで受験生が会場に滑り込む風景などは、日本のマスコミにもよく登場する。

超学歴社会の韓国では大学入試が人生を左右する。世界に冠たる受験王国いや入試地獄である。その結果、大学入試は全国民的な関心事であり、とくに子を持つ親にとっては人生最大の試練となる。

したがってそんな大学入試において、誰かが裏で勝手に甘い汁を吸うような不正があったとなるとみんな黙ってはいられない。自分だけが損をしたような心理になって怒り、興奮する。数ある権力がらみの不正のなかでも「入試不正」「不正入学」はもっとも民心を刺激する。

その民心を癒《いや》し世論の支持を得るためには、そうした不正を徹底的に非難、糾弾し、不正に代わって「公正」を強調する必要がある。だから「名門大学への不正入学」という最悪の不正をやらかした朴槿恵政権をデモで打倒した文在寅は、民心を味方につけるために「公正」を新しい政権の最重要公約にしたのである。

ところが、かくも重要な文政権の公正イメージをいたく傷付けたのが曺国スキャンダルだった。しかもそのスキャンダルが、奇《く》しくも何と、大統領の側近・曺国の娘にかかわる不正入学疑惑だった。

ソウル大法学部の超有名教授で、後に文政権の中枢に登用される曺国は、海外からの帰国子女で国内入試が不得手の娘を医者にしようと、正式入試抜きの「不正入学」で医科大学に押し込んでいた。それがマスコミに暴露されて世論に火がついた。

韓国では近年、大学入試改革の一環で、筆記試験中心の入試のほか通称〝スペック〟と称される、インターンシップなどによる各種の体験、経験という試験外の実績による入学を認めている。ソウル大学の超有名教授だった曺国のスキャンダルでは、法務大臣任命時の〝身体検査〟に際し、親の七光りによる娘の〝スペック偽造〟などの疑惑が持ち上がったのだ。

家族主義が色濃く、血縁重視の韓国社会では、子の不正は親の道徳性に対する非難につながる。しかも朴槿恵政権の時の崔順実スキャンダルと同じで、今回も不正への親の関与という疑惑が表面化し、世論を興奮させた。

「鄭ユラ」と「曺ユラ」の悲喜劇

曺国は法相任命の前は大統領の側近ポストである「民情首席秘書官」に起用されていた。大統領秘書室の首席秘書官というのは、閣僚以上の力を持っている。彼は権力の中枢に存在する権力者の一人だった。しかも巷間《こうかん》、文大統領の有力な後継者候補と目されていた。したがってその不正疑惑は権力の道徳性にかかわることになる。

ところで曺国スキャンダルには二つの疑惑があった。一つは夫人を中心にした家族ぐるみの「ファンド投資」という財テク疑惑であり、もう一つがすでに触れた娘の不正入学疑惑である。後に息子にも似たような疑惑が持ち上がった。

このうち前者の財テク疑惑も、夫（曺国）の地位を利用したという疑惑が含まれていたが、世論の関心はむしろ後者の娘の入試疑惑に集中した。法律上の違法性は微妙だが、道徳性の問題としてはきわめて分かりやすいからだ。だから世論の関心、非難は一気に盛り上がった。世論の非難を象徴したのが、曺国の娘について「曺ユラ」という揶揄《やゆ》が語られたことだ。崔順実スキャンダルで世論を激高させた、梨花女子大への不正入学疑惑の娘「鄭ユラ」のパロディである。

曺国の娘の場合、その経歴不正のなかに、入学前の医学系インターンシップで難解な医学論文の中心執筆者になっていたというのがある。この論文をめぐっては「医学知識のない高卒レベルでは不可能」として偽造疑惑が持ち上がった。それは親の威光（あるいは口利き？）があってこそ可能だったとされ、不正の構図は崔順実スキャンダルそっくりになってしまった。

街の声はさらに辛らつだった。「鄭ユラ」は少なくともアジア競技大会の馬術で金メダル獲得という本物の実績（スペック）があったが、曺国の娘にはそんな客観的な実績はなかったからだ。朴槿恵追放にいたる世論の暴風のような朴槿恵・崔順実叩《たた》きのなかで、徹底的にバカにされ、さらし者にされた「鄭ユラ」が、今度は逆にそのスペックを評価され「曺ユラに比べると鄭ユラの方がましだわね」となったのだ。

公正・平等・正義の看板に致命傷

〝権力者・曺国〟をめぐる不公正という道徳性の欠如には、もう一つ「偽善」という道徳性の問題が含まれる。別の言葉でいえば「ウソつき」ということである。曺国スキャンダルの核心は、娘のこともさることながら、むしろこのことだったかもしれない。

というのは、彼は反政府・民主化要求の学生運動出身で、母校のソウル大法学部教授になった後も左翼・進歩派知識人として知られた。市民運動やメディアを通じ、保守政権批判など社会的発言を精力的に展開してきた。とくに若者や女性に人気のタレント教授だったが、その人気には文字通り美男子タレントを思わせる長身でイケメンという容貌《ようぼう》も確実に影響していた。

問題は彼の言説である。学生運動時代からの「社会主義の理想」をその後も語り続け、あらゆる機会に弱者配慮や公正・平等・正義を主張し、その観点から朴槿恵政権など保守勢力を執拗《しつよう》に批判、非難してきた。朴・崔スキャンダルへの非難にも熱心だった。

スマートな容貌も加わり、左翼・進歩派の〝クリーンイメージ〟のシンボルのような存在だったのだ。文在寅が後継者を念頭に（？）側近にスカウトしたのもむべなるかな。

文政権スタートと同時に側近の民情首席秘書官に起用された。このポストは権力内部の人事における人材のクリーン度、つまり道徳性をチェックするところでもある。その責任者になったのだから、曺国はいわば「道徳性の文政権」の看板だった。

ところが文大統領はその後、内閣改造に際し彼を法相に指名した。閣僚は国会の人事聴聞会の対象になる。そこでは閣僚としての資質やクリーン度が公的に追及される。いわゆる政治的身体検査である。ここで曺国の疑惑が暴露されることになった。

閣僚の場合、身体検査では不正蓄財がよく問題になる。隠し財産や脱税、投機、不動産売買など金銭疑惑が追及される。それは本人のみならず家族にも及ぶ。曺国の場合も夫人など家族による「ファンド投資」での不正財テクが問題になった。

詳細は省くが、日ごろ社会主義の理想を語り、財閥糾弾など資本主義批判に熱を上げていた人物が、家庭では資本主義的蓄財の典型であるファンド投資をやっていたというのだ。この「偽善」ぶりも道徳性を疑うに十分だった。

ついでにこんな偽善も暴露された。ソウル大学教授になる前、地方大学勤務時代に米国に3年間留学しているが、その留学資金15万ドルを中小財閥の奨学財団から得ていたというのだ。しかも政商ともいわれたその財閥オーナーが不正事件で逮捕された時、嘆願書まで書いていたという。

カネの話でいえば、不正入学疑惑の娘についても、正式に大学生にもなっていないのにソウル大学などから巨額の奨学金が提供されている。当然、父親の名声（権力）のお陰という疑惑になった。

つまり曺国は、文政権が掲げる道徳性の看板である公正・平等・正義というすべての徳目に引っかかってしまったのだ。

保守派の野党陣営やメディアは彼を「左翼貴公子」と皮肉った。その容貌や立ち居振る舞いだけならそれでよかったが、日ごろの自らの公的言説に真っ向から反する「偽善」ぶりが暴露されては、政治的にはアウトということになる。

普通、閣僚指名後の身体検査の過程で、この種の疑惑が出れば、本人が指名を辞退するか、大統領が指名を撤回し他の人物に差し替える。歴代政権でよくあったことだ。

ところが曺国は辞退せず、大統領も指名を撤回せず、そのまま正式に法相に任命してしまった。世の通念、常識に反する居直りである。


文在寅および曺国の政治的判断としては、批判世論に押されて譲歩、後退することは、政権の求心力弱体化につながり、政権後半に向けレームダックを招きかねないと考えたに違いない。政治は綱引きである。一歩後退するとズルズル押される。「デモ」という力で権力を握った左翼政権には、とくにその心理があっただろう。

しかしこの人事強行はさらに世論を刺激した。道徳性の問題は左右、与野を超える。とくに権力の「不正」と「偽善」がらみでは居直りは許されない。

激高した世論は先の「ロウソクデモ」と同じく、ソウル都心で「曺国辞任」「文在寅打倒」を叫ぶ数十万人の反政府デモとなってあふれた。彼ら野党・保守派中心の反政府デモは国旗の「太極旗」を掲げてデモをしたことから「太極旗デモ」といわれた。

これに対し文政権支持の左翼・進歩勢力は「曺国守護」を叫び「ロウソクデモ」で対抗し

た。双方がソウル市内で数十万規模で対峙《たいじ》する局面となったが、双方には明らかな違いがあった。

整然として組織立った「ロウソクデモ」に比べ「太極旗デモ」は雑多な人びとで埋まった。スローガンも雑多である。日ごろデモとは無関係な人びとによる手作りデモの雰囲気があった。ということは素朴な民心の反映である。そして「太極旗デモ」は参加者数の上でもしばしば「ロウソクデモ」を上回った。

長年のウオッチングでいえば、ソウル都心で保守派によるデモがあれほど膨れ上がったのは史上初めてである。

文大統領は「民心の圧力」に押されるようにしぶしぶ曺国解任（かたちは辞任）に踏み切った。デモで政権を握った左翼勢力が保守勢力のデモの圧力で一歩後退したのだ。「ロウソクデモ」の余韻のなか革命政権的に意気揚々、ひたすら押せ押せだった文在寅にとっては初の挫折《ざせつ》となった。

陰の主役は今回も夫人

文政権を窮地に陥れた曺国スキャンダルの顚末《てんまつ》は、以上のような展開だったが、ここで本章冒頭に指摘した筆者にとっての「デジャビュの風景」とは、いったい何のことかについて書く。以下は曺国スキャンダルのもう一つの側面というか、裏読みといったようなものである。

疑惑の中身は、すでに繰り返し指摘したように娘の大学不正入学と家族のファンド投資をめぐる財テク疑惑である。ところがこれまで伝えられたマスコミ報道や検察捜査でみる限り「陰の主役はどうやら曺国の夫人だったのではないか」というのが筆者の見立てである。夫はその疑惑を黙認ないし幇助《ほうじょ》していたといったところかもしれないのだ。

この疑惑事件はもちろん政治事件である。そして大統領の最側近で有力後継者として将来を嘱望され、公正・平等・正義などカッコいい言説で人気だった左翼権力エリートの偽善が暴露され、失脚するという男社会の話だった。しかしコトの背後では夫人が大きな役割を果たしていたのだ。

一見、意外にみえる構図だが、それが実は筆者にとっては「デジャビュ」として、強い関心を引いたのだ。夫が政治学的に追及されたとすれば、夫人はいわば文化人類学的にその存在と役割が意外に大きかった——というのがここでの仮説である。事実はどうだったのか。

夫・曺国は疑惑に対する夫人のかかわりについて、国会聴聞会や記者会見など公的発言では「知らない」「分からない」を連発していた。しかし本心としては「女房がやったこと……」「女房にまかせていたので……」といった言い訳が喉《のど》まで出かかっていたに違いない。

しかしそれをいったのでは男がすたる？　コトを妻のせいにしては夫としての家庭管理能力が問われる。韓国人は年齢を重ねても家庭では〝同床〟を続けるので、日本人に比べるとはるかに夫婦一体感は強い。だから結局、夫も逃げられないのだが。

ここで夫人の疑惑へのかかわりをあらためて簡単に紹介しておく。

実は夫人も夫と同じく名門のソウル大学出身で、英文学者として地方大学の教授をしていた。夫より3歳年上で、学生時代に彼女の方から人気の曺国にアプローチし、射止めたというエピソードがマスコミに紹介されていた。こちらは英国留学経験者である。夫婦そろって人もうらやむエリート学者の家庭である。

問題の娘の不正入学疑惑では、入学試験に代わる実績（スペック）作りにおいて〝学者人脈〟を利用したいくつかの不正が指摘された。そのなかには自分が奉職している地方大学での〝スペック偽造〟も含まれている。人脈には夫の存在（バック）が当然、関係している。

一方、財テク疑惑でも違法手続きやファンド投資先情報などで、有名人で権力層の夫の存在が影響を与えたとされている。韓国では曺国でなくても「夫が青瓦台《せいがだい》（大統領官邸＝米国の〝ホワイトハウス〟にあたる）の首席秘書官」といえば、ビジネスでは絶大な威力を発揮する。こうした権力人脈は家族のみならず親戚《しんせき》・縁者にも心強い。

今回の曺国スキャンダルについて筆者はデジャビュとして、権力疑惑に関連して夫人が〝活躍〟した過去の三つの印象的事件を思い出した。

一つは軍事政権時代の１９８０年代初めの「丁來赫《チョンネヒョク》事件」である。当時、与党の重鎮で次期首相候補だった丁來赫将軍が、夫人の金銭疑惑で首相になり損なったのだ。この時、彼が「家庭の財産管理は女房にまかせていたので自分は知らなかった」と弁明したため、男たちの間で「女房管理はちゃんとやってるかね」が流行語になった。

この事件に接した際、「軍人家庭だからさもありなん」と思った。いつ夫が死ぬかも分からない職業軍人の家庭では、家庭内のことは夫人が責任を持つしかないのだろうと。ところがその後、軍人でなくても似たような事件が相次いだ。

たとえば金大中政権時代の１９９０年代末にあった「ミンクコート事件」。さる中堅財閥の会長夫人が検察に捕まった夫の助命嘆願のため、法相など権力層の夫人たちに高級衣料をプレゼントしたという疑惑で、法相など夫も当然、責任を取らされている。

大統領夫人の存在感

ところが２００９年、文在寅のボスにあたる盧武鉉・元大統領が退任後に自殺した事件は深刻だった。自殺の原因は夫人の金銭疑惑だった。旧知の業者から夫人が高額の外貨を受け取っていたという疑惑が表面化し、退任後に検察の調べを受けるにいたった。「自分は知らなかった」というが自責の念から自殺している。

盧武鉉の夫人がらみの疑惑というのは、本人の自殺で検察捜査は中止されヤブの中となってしまった。しかも彼は左翼革新系の支持層の間では死後、神話的な人物になっているため真相追及は難しい。とくに文在寅政権下ではタブーみたいになっているのだが、疑惑が語られていた当時、夫人が受け取った外貨は息子、娘の米国留学費用のためだった？などという話が、未確認ネタとしてメディアで伝えられていた。

解放後生まれの新世代で、高卒で弁護士になり、国会議員、大統領にまで上り詰めたという左翼革新系の立志伝的なヒーローだった盧武鉉でも、夫人を含め家族（血縁）には弱かったというわけだ。

いずれにしろ夫人の金銭疑惑で結果的に夫が迷惑を被ったということだが、夫人の存在感ということでは似たような例はほかにも多い。

以下は軍人出身の二人の大統領の場合だが、たとえば全斗煥大統領（１９８０―88年）は李順子《イスンジャ》夫人の活躍ぶりが大いに話題になった。夫人は若いころからビジネスで家計を支えたやり手といわれ、夫人の実家サイドの金銭疑惑が多く取り沙汰《ざた》され、刑事事件になった例もある。夫人自身、夫を通じ政権の人事にも影響を発揮しているとのウワサもあったほどだ。

全斗煥の後継者だった盧泰愚大統領（1988―93年）の場合、金玉淑《キムオクスク》夫人についてはすごい政治秘話がある。

盧泰愚政権については、後継体制をめぐって舞台裏で葛藤《かっとう》があった。時代は民主化初期で、時代の流れとして軍人出身の全斗煥・盧泰愚の後、来るべき文民政権の大統領を誰にするかが政治的焦点だった。

結果的には与野3党合併で主導権を握った野党出身の金泳三が大統領になったが、金泳三を後継者にするに際して政権内には、旧野党系で金大中と並んで民主化闘士だった金泳三には異論があった。以下は盧泰愚大統領の秘書室長で、政界のキングメーカーといわれた金潤《キムユン》煥《ファン》（新聞記者出身）から直接聞いた話である。

金潤煥は盧泰愚とは同郷の高校同期生という、韓国では絶対的ともいえる間柄で、最大の相談相手だった。金潤煥をはじめ与党内では、後継者としては金泳三しかないとの判断で盧泰愚の意向を打診した。すると盧泰愚は金潤煥に「自分はそれでいいが、女房が何というか分からないので女房の意見を聞いてみてほしい」といったというのだ。

金玉淑夫人は野党出身の金泳三には不信感があり反対だった。金潤煥はそれを何とか説得したというが、夫人の懸念は結果的に当たった。大統領になった金泳三は野党出身の民主化闘士として、過去の軍事政権の否定に乗り出し、民主化政策の一環として全斗煥と盧泰愚を逮捕し投獄してしまった。

夫はカッコよく妻は汚れ役

韓国では意外に夫人が家庭の内外で影響力をもっていて活躍するということである。この背景を考えるとき、伝統的な儒教的ともいえる人間観が深く関係しているかもしれないと思った。いささか遠回りになるが、こういうことではないだろうか。

儒教（朱子学）的考え方の基本に「理気論」というのがある。「理」とは理論、真理、原理……のように物事の絶対的な筋道のことだが、筆者の友人でもある小倉紀蔵《おぐらきぞう》・京大教授によると儒教的には「理とは道徳性」だという。これに対し「気」とは物質的とか自然性、身体性のことをいう。人はこの両面を持っているが、気より理を多く持つことが、動物とは異なる人間としてのあるべき姿というわけだ。

そして儒教的には「理」の主な担い手は男であり「気」の担い手は女となる。その結果、男は天下国家を論じる書斎の人が理想像であり、これに対し女はもっぱら家庭生活つまり家計や子育てなど雑事（?）に専念する。

ここのところを簡単にいえば、男は「理」という高尚な世界の人間で、女は「気」という世俗的な存在というわけだ。だから高官、権力層においては、家庭内のカネにかかわる財テクなど財産管理や子女の入試など教育問題はもっぱら夫人が担ってきた。これは李朝時代からの伝統文化という。もちろん韓国も高度経済成長や民主化を経て女権拡張時代だから、伝統文化にも当然、変化はあるけれども。

曺国一家は、夫は政治、経済、社会など改革論の言説から、姿かたちのファッションまで限りなくカッコよく、妻は英国留学の英文学教授という、夫妻ともどもいわば時代の先端を行くようなエリート家族だった。

にもかかわらず、夫は世間向けの表舞台でカッコよく天下国家を論じる一方、夫人は裏舞台でなりふりかまわず財テクに励み、娘を医学系大学に押し込むという、世俗的という意味で「汚れ役」を担ってきたのだ。したがってこの「理」と「気」の風景は、きわめて伝統的だったということになる。だから意外にも彼らは「古い人たち」だったのだ。

人脈社会の人脈犯罪

過去の例もそうだが、ではなぜ夫人が金銭疑惑など権力がらみの不正事件にそれほどかかわってくるのか？　これもまた韓国の伝統文化として明快にナゾ解きできる。

筆者は今回の曺国スキャンダルに接し「人脈特恵」という言葉を思いついた。「人脈犯罪」ということもできるが、権力というか特権層における人脈を背景にした疑惑、犯罪ということで「人脈特恵」の方がふさわしい。今回のスキャンダルは、韓国社会が法律や規則そして組織によってではなく、依然として人脈という超法規的な人間関係で動く伝統的な「人脈社会」であることを、あらためて確認させてくれたのだ。

夫人の活躍は明らかに夫・朴国の影響力をバックにしたものだ。とくに大学入試にかかわる不正は、ソウル大有名教授である夫の人脈への期待が関係している。そして夫人による頼み事（請託）に対し、頼まれた相手が配慮するのは夫の影響力や人脈を念頭においた「見返りへの期待」からである。

夫人をはじめ権力者の家族・親戚・縁者に人びとが群がるのは、血縁を中心にした人脈が物事を動かすのに絶大な力を発揮することをみんな知っているからだ。歴代大統領でいえば金泳三、金大中、李明博は息子や兄弟の人脈疑惑で苦労し、朴槿恵だって家族のように振舞っていた悪友・崔順実のために体よく利用され、足をすくわれた。

儒教世界を思わせる「気」を舞台にした夫人の活躍や、法治を超えた「人脈特恵」といった伝統文化に思いを馳《は》せることなしには、権力をめぐる不正疑惑は無くならないし、今後とも繰り返されるだろう。

このことを曺国夫妻や文在寅大統領をはじめとする当事者は、必ずしも分かっていないようにみえる。毎度、権力スキャンダルを書きたてて糾弾するマスコミ、識者もそのことを指摘しない。それ以上にスキャンダルに怒る人びと自身が分かっていない。

悪いのはいつも権力層、特権層という他人であって自分は無関係と思っている。伝統文化に対する自己批判、自己否定なき他者糾弾だから、いつもコトは人ごととなって、なかなか無くならないのだ。

今回、思わず苦笑してしまったのは、文在寅が曺国を側近に招くきっかけになったという約10年前の曺国の著書『進歩執権プラン』を読んだ時だ。文在寅の師匠にあたる盧武鉉が大統領になった際、曺国は就任直後の彼に手紙を送って助言したというのだ。著書にはそのことが自慢たらしく書かれているのだが、彼は手紙で古代中国の韓非子《かんぴし》を引用し、君主への八つの戒めとしての「八姦《かん》」を紹介したというのだ。

「戒め」のうち1番目が「同床」への警戒だった。「同床」とは夫人をはじめとする家族のことを意味する。君主たるものが最も心すべきは家族とその管理であり、それを怠ると君主として失敗するというのだ。

偽善が話題の曺国だが、ここでも盧武鉉には忠告しながら自分はまったくそれに反していたというわけである。曺国にとって韓非子の戒めは人ごとだったのだ。文在寅は曺国の首を切って一息ついたけれども、今から夫人をはじめ家族・縁者に対する管理をしっかりしておかないと、盧武鉉の二の舞いになるかもしれない。

第七章

日本人より韓国人に読ませたい

――ベストセラー『反日種族主義』と『親日派のための弁明』

「同意はしないが理解する」

日韓史にかかわる韓国の公式史観を全面的に批判した『反日種族主義』（李栄薫編著）が韓国でベストセラーになり、日本でもその翻訳本（文藝春秋刊）がベストセラーになっている。とくに韓国ではその種の本としては異例の売れ行きであり、背景と影響が気になるところだ。日本統治時代の出来事（歴史）をどう考えるかは、日韓関係における古くて新しい問題だ。それを、たとえば慰安婦問題や徴用工問題など日韓が国家的次元で今なお先鋭に対立する外交的懸案に関して、韓国の学者・研究者が韓国の立場を堂々と批判、否定するというのはきわめて珍らしい。

そんな本が日本でならともかく、韓国でベストセラーになったというのは日韓関係の新しい局面といっていいかもしれない。日本で反韓・嫌韓感情を刺激し続ける「反日の韓国」なのに、そんな本が「今、なぜ？」という感じだ。以下でその背景と今後を探ってみる。

まず韓国における反応が気になる。メディアのなかで比較的、冷静で正直な受け止め方をした論評を紹介する。保守系大手紙の中央日報（２０１９年8月16日付）で、論説委員による「『反日種族主義』のための弁論」と題する論評は次のような書き出しになっている。

「心穏やかでない。読みながら自らの内に入力されていた常識と価値観が、本が掲げる〝実証〟と衝突した。『反日種族主義』の話だ。そんなはずはないと思いたいとか、頭痛と侮辱を感じたという（著名な）人びと（の感想）も理解できる。さらには吐き気までするといった人（前法相）までいたのだが、それでも、考えもつかなかった事実と視角に目が引きつけられたと告白せざるをえない。ひょっとして自分は〝反逆・売国親日派〟なのだろうか……」

この最後の部分は、論評が書かれた当時、韓国を揺るがしていた二つの事情を念頭においている。

一つは前の章で紹介した〝曺国スキャンダル疑惑〟で、法相に指名された曺国（ソウル大教授）が家族の大学不正入学や財テク疑惑で世論の非難を浴びていた時のことだ。

「時の人」になっていた曺国が『反日種族主義』について「このような主張を公開的に提起する学者、それに同調する一部政治家や記者を〝反逆・売国親日派〟という呼称以外にどういえばいいのか、私には分からない」という非難の文章を発表し、メディアなどで話題になっていたからだ。この曺国発言が本の売れ行きに油を注いだというのは皮肉だったが。

もう一つは、日本の対韓輸出管理強化をめぐり官民挙げて反日運動が高潮していたことだ。曺国発言はそうした反日ムードへの便乗でもあったのだが、そんな状況下であの本を肯定的に評価するような者は、民族反逆者・売国奴扱いされかねない雰囲気だったというわけだ。

中央日報の論評は「反日感情が沸き上がっている今、こんな本がベストセラーになったことは逆説的だ」と書いている。

そしてこの本が「(日本統治時代の) 米の生産量・輸出量・消費量、日本の炭鉱の賃金台帳、慰安婦の郵便貯金通帳のようなデータを使い、既存の資料や数値で主張を展開している」ことを高く評価し、それを「道徳と価値、嫌悪と感情で罵倒《ばとう》してしまうのは対象に顔をそむけるだけであって克服にはならない」と書いている。

さらに「気に入らないとすぐ親日売国のレッテルを貼るのは恥かしくないのか」と結んでいるのは曺国批判だから、当時の政治情勢がらみの政権批判にもなっている。

問題の本にかかわる論評の結論は「(この本は) 集団化、神話化、権力化した歴史認識に対する挑戦であり、同意はしないが理解する」となっており、その挑戦を〝親日売国〟というレッテルで抑圧するのは、学問と表現の自由に反するというわけだ。

日本右翼に通じる「深刻な騒音」

一方、非難、罵倒に近い反応の代表例として、左派系ハンギョレ新聞（2019年8月21日付）に掲載された「『反日種族主義』が巻き起こしている騒音と憂慮」と題する社説を紹介する。その書き出しはこうだ。

「『反日種族主義』という本が深刻な騒音を引き起こしている。すべての国民が常識と思っている日本軍慰安婦や徴用の強制性を否定し、はなはだしくは独島まで大韓民国の領土だという証拠はないという、挑発的で荒唐な内容まで含まれている」

「深刻な騒音」というあたりに、批判派の戸惑いを含んだ不快感、嫌悪感のようなものが感じられるが、それには2019年夏という時期的な状況が作用している。引き続きこうある。

「以前から著者たちは親日的という評価のなかで、学界や専門家たちは傍観してきたのだが、いつの間にか本にまとめられベストセラーにまでなり、日本での翻訳出版も推進中という。果たしてこれでいいのだろうか。3・1運動100周年に加え、韓日間の〝経済戦争〟のなかで聞こえてくるとんでもない話には、あきれてモノがいえない。著者たちの反歴史的、没理性的な姿はもちろん、恥辱の歴史を省察、自覚できない一部の退行的流れは憂慮せずにはいられない……」

このあと徴用工や慰安婦問題を例に、公式史観にしたがって強制性を主張することで本の内容を批判しているが、最後はやはり韓国における批判、非難の定番カードである「親日批判＝愛国」論になっている。

その材料として、この本の内容がユーチューブ番組での歴史講義を基にしたもので、その講義映像には日本語字幕がついていて、日本の視聴者に人気があったことや、日本語版は当初から計画されていたことなどを指摘し、次のように締めくくっている。

「彼らがこの本で主張している内容の相当部分は、日本の右翼たちの主張と一脈通じるところがある。おそらくその〝嫌韓〟攻撃にいい素材として使われることだろう。結局、この本は実証的研究という美名の下、民族を売り渡すということではないのか」

『反日種族主義』に対しては当時、韓国メディアではハンギョレ新聞が最も熱心に批判を展開した。その日ごろの論調は、左派系として親北・左翼イデオロギーだから、基本的に左翼・民衆史観批判である同書には拒否感が強いというわけだ。

そこでハンギョレ新聞は書評でもいち早く批判を掲載している。その大型書評の見出しは1ページ全面横抜きで「日本の極右を代弁、恥ずかしい日本逆進出」だった(7月26日付)。そして「〝慰安婦は性奴隷ではなかった〟など誤った歴史論理に同調」「日本人の間違った歴史認識を育てる」などと非難している。

書評と社説を合わせ、日本つまり〝親日批判カード〟を動員し、反日感情で読者の支持を得ようという作戦である。

社説がいうように、日本側の主張と通じることは「親日」であり、それは日本による韓国批判に利用され、結果的に韓国への裏切りになり「売国」というわけだ。

中央日報の論評の結論とは真逆である。こうした親日糾弾は政治の世界だけのものではなく、メディア世界を含む知的世界にも及ぶということを物語っている。

先に中央日報の論評が引用していた、ソウル大教授で法相に指名された曺国は韓国の知的世界のスターだった。その法相が堂々と『反日種族主義』の研究や出版という「思想・研究・表現の自由」を認めないと公言しているのだ。韓国では日本との歴史がからんでくると今なお「学問の自由」は制限される。

それでも今回、『反日種族主義』は出版されベストセラーにまでなった。著者たちは時に研究所への押しかけなどストーカー的な身体的脅威にさらされることはあったが、今のところ（2020年夏現在）法的、刑罰的な制裁は免れている。ただ今後、政治的、社会的情勢しだいではどうなるか分からないが。

強制閉鎖された親日サイト

『反日種族主義』は韓国では10数万部が売れ、日本では40万部も売れている。韓国での売れ行きの背景には、先に紹介したように保守派のよりどころとなったユーチューブ番組の台頭がある。この本は保守派のユーチューブチャンネル「李承晩TV」での講義内容を収録している。すでに指摘したように、日本でこの種のお堅い韓国評論集がベストセラーになるのはきわめて珍らしい。

しかし実はこれは初めてのことではないのだ。日本での売れ行き30万部突破を知った時、思い出したことがある。20年近く前の金完燮《キムワンソプ》著『親日派のための弁明』（2002年2月、韓国で出版）である。

この本も日韓の歴史をテーマにした評論集で、日本語版（草思社刊、後に扶桑社文庫）は同じように30万部を超すベストセラーになっているのだ。

二つの本は内容的に似ているところがある。先に出た『親日派のための弁明』には『反日種族主義』の著者たちのこれまでの研究成果が多く引用されているからだ。たとえば『親日派のための弁明』の内容を象徴する「日本時代は私たちにとって祝福だった」と題する章には、『反日種族主義』の主著者である李栄薫《イヨンフン》教授やその師匠にあたる安秉直《アンビョンジク》教授らの業績が紹介されている。

李栄薫教授をはじめ『反日種族主義』の執筆陣は、安秉直教授が主宰したソウル大学の経済史研究グループ「落星台《ナクソンデ》経済研究所」のメンバーである。彼らは日本統治時代の韓国（朝鮮）の歴史について、公式史観である民族主義的な「侵略と収奪」論一辺倒に反旗をひるがえし、実証主義による「開発と経済発展」の要素を取り入れた主張を展開してきた。

総じて「植民地近代化論」といわれるものだが、これは『親日派のための弁明』の基本的なトーンになっていた。そしてこの本には『反日種族主義』で取り上げられている日韓国交正常化交渉と請求権資金のことや、独島（竹島）問題なども含まれ、同じく韓国の公式史観に異論を呈している。

植民地近代化論あるいは親日擁護論としては『親日派のための弁明』の方がはるかに網羅的で、大胆な内容である。

著者の金完燮氏は李栄薫教授たちとは違って歴史が専門の学者、研究者ではなかった。ソウル大物理学科に入学したが、学生運動が活発だった1980年代の時代的雰囲気から左翼活動家になった。その後、方向転換しネットを舞台に評論活動を展開。主流の「反日サイト」に対抗し、タブーだった「親日サイト」を立ち上げ話題になったことがある。著書出版の時はまだ30代で無名に等しかった。

彼は日本語はできなかったが、公式史観批判の評論は韓国語の資料や文献に接することによって可能になったという。日本非難の資料から日本の主張や立場を知った。「親日サイト」は後に当局によって強制的に閉鎖されている。

公式史観に挑戦する李栄薫教授らの研究は『反日種族主義』に先立ち、若手のネット評論家だった金完燮氏に影響を与え、20年近く前にすでに『親日派のための弁明』という成果(?)を生んでいたのだ。

『親日派のための弁明』が日本で翻訳出版されるに際しては、筆者もいささか関係している。

この本は韓国で当局（刊行物倫理委員会）によって「青少年有害図書」に指定され、実質的に発禁処分扱いになったが、いち早く日本に紹介したのだ。出版から1カ月後のことだった。

筆者の記事は２００２年3月8日付の産経新聞に出ている。かなり長文で見出しは「歴史歪曲は日本ではなく韓国」となっている。その冒頭は次の通りだ。

「『日本統治時代はわれわれにとって祝福だった』『日本は（西欧帝国主義と異なり）植民地を単純に搾取の対象としてではなく、投資や開発、教育を並行し文字通り共存共栄の政策を行った』『韓国人の反日感情は意図的な歴史歪曲《わいきょく》によるものであり、歴史を歪曲しているのは日本ではなく韓国である』――。韓国人自身が日本統治時代の歴史を肯定的に評価した本が最近、出版され関心を呼んでいる。……」

日本での翻訳出版はそれから4カ月後だが、この本の基調はすでに指摘したように「植民地近代化論」である。

「当時、韓国の民衆にとって日本は最大の革命勢力だった」というのが著者の持論だった。それは「（日本の韓国支配によって）民衆を抑圧していた古い体制が清算され、近代的な法による統治が実現し、民衆は文明の洗礼を受け、より人間的な生活が可能になった」という記述からもうかがわれる。

慰安婦問題についても韓国の主張を批判し「（貧困や戦争体制など）当時の現実を無視した

不当な主張であり、人権侵害を今日の基準で判断して日本を非難するのは不自然」という。独島（竹島）問題でも「無主の無人島として日本が1905年に島根県に編入したもので日韓併合は関係ない」と書いている。

「親日罪」をとなえる人びと

こうして振り返ってみれば、2002年の『親日派のための弁明』は2019年の『反日種族主義』の先駆けだったということが分かる。

前者は若手のネット評論家による孤軍奮闘で、後者はソウル大教授をはじめとする学者、研究者たちの共同作業の結果だから、内容的に濃淡の差はある。そして韓国内では前者は無視に近いあしらいを受け、後者はベストセラーになって大いに注目されるのだが、前者は先駆けだっただけに、一方では販売規制や告訴、著者への暴行など酷《ひど》い弾圧を受けた。

活動舞台だった「親日サイト」の強制閉鎖のことはすでに触れたが、発禁に等しい「青少年有害図書指定」というのは、ビニールで包装され有害表記をしたうえで一般書籍台には出されないという、ポルノ雑誌並みの規制である。

また日韓近代史にかかわる「閔妃暗殺事件」の閔妃に対する批判が「死者への名誉毀損《きそん》」だとして有罪（罰金刑）になっている。この裁判は閔妃の子孫の告訴によるものだったが、検察は刑事的処罰に価すると判断して起訴した。起訴に際して検察は、告訴状にあった「名誉毀損」と「外患罪」のうち、さすがに外患罪の方ははずした。

外患罪とは「国に危害を及ぼす罪」だが、親日論や親日派擁護論は国家に危害を与える罪になるというのが告訴状の主張だった。韓国では「親日罪」を設けた法律を制定すべきとの主張が、今も政治家や識者の間で平気で語られている。

著者の金完燮氏は、19世紀の歴史上の人物に対する「死者への名誉毀損」の有無を裁く法廷で傍聴人から殴られるという暴行を受けた。国会内でのセミナーに招かれた際も、会場で聴衆に殴られている。日本でベストセラーになったため韓国でも関心をもたれ、非難、糾弾の対象としてセミナーに呼ばれたのだ。

しかし法廷や国会内での公然とした暴行事件を、当時の韓国メディアは一切報道していない。親日擁護論者は肉体的に加害を加えられても構わない、法的あるいは社会的保護の対象ではないということである。

著者は日本渡航のための旅券発給も一時拒否されている。出国禁止になった時期さえあったのだ。公式史観に反する〝親日論者〟だからと、徹底的にいじめられたのである。

当時、著者は〝日本亡命〟まで考えてソウルの日本大使館に相談に行っている。筆者も亡命受け入れの可能性などについて相談を受けた。これは実話である。まるで19世紀末の日韓近代史における、近代化クーデターに失敗して日本に亡命した金玉均の現代版である。本人はフリーランサーとして権威にこだわらず、いつもアッケラカンとしていたが、先駆者は辛《つら》い？

以上は今から約20年前のことだが、これに比べると今回の『反日種族主義』をめぐる風景はいささか違っている。これまでのところ当局による発禁的な対応はない。批判、非難の議論はあっても声高に制裁や報復を叫ぶ動きは目立ってはいない。

本の内容に批判者、非難者がつけ入るほどのスキがないということだろうか。あるいは20年前は専門の歴史研究者ではない無名の若手評論家だったが、今回は歴史専門の著名な知識人で手ごわいからだろうか。それとも今回は韓国でベストセラーになって注目され、世間の関心を集めているせいだろうか。

いや、日韓がらみの主張や議論の自由度、許容度はいまだ制限されている。ベストセラーとして注目されただけに逆に反日ポピュリズムによって今後、告訴・告発事件になるかもしれない。

金完燮氏の方は自著の日本語訳の文庫版「まえがき」で「本来、日本人より韓国人に必要なもの」として書かれたのだが「韓国では政府とマスコミ、社会団体の弾圧によりほとんど普及しなかった。……より切実な人が真実に接する機会を失ったという点で、その普及過程は悲劇的だ」と書いている。

しかし『反日種族主義』の方は韓国でも売れた。二つの本に著者の知名度という意味で多少の差はあったとしても、約20年前に文字通り体を張って反日公式史観という歴史タブーに挑戦した金完燮氏の孤独な作業（犠牲？）は、今かえって高く評価されるべきだろう。

『反日種族主義』は金完燮氏のような少数者による知的苦労の延長線上で今回、韓国でもベストセラーになり、大きな関心の対象になったのだと考えたい。もちろん『反日種族主義』の執筆陣もまだ少数派ではあるが。今回、『反日種族主義』の登場とその評判に接することであらためて『親日派のための弁明』の孤独な戦いを思い出し、まず紹介した。

植民地近代化論の変遷

ここで『反日種族主義』に戻る。著者たちはいわゆる植民地近代化論に与《くみ》する研究者である。その主張は日本統治時代の歴史を「侵略と抑圧・収奪と抵抗」のみで記述する公式歴史観を批判し「開発と経済発展と近代化」の側面を加えた、いわば韓国版・修正史観の産物である。

植民地近代化論を分かりやすくいえば「日本はいいこともした」論だが、韓国ではこのことが今なおなかなか認めてもらえない。日本側で政治家にそうした発言があると、韓国ではたちまち「妄言」として抗議の対象になる。そして外交問題として広がり、反日運動のネタにされるということが続いてきた。

しかし、それでも日本時代を経験した世代が多く残っていたころは、教科書的、メディア的、総論的にはともかく、個人的な実感としては「いいこともした」論を語る韓国人は多かった。いわゆる「昼は反日、夜は親日」と同じである。

公式（タテマエ）にはともかく非公式（ホンネ）には日本評価論は多く聞かれたのだ。ところがいつの間にかそれもままならないようになった。

植民地近代化論がらみでは今も記憶するエピソードがある。金泳三政権時代の1994年10月、ソウル市内を流れる漢江《ハンガン》にかかる聖水《ソンス》大橋が突然、崩落した時のことだ。

通行車両が転落し多数の死傷者が出た大型事故だったが、事故現場が見える川べりの丘の上で見物中のヤジ馬の間でこんな風景があった。

ある老人が誰にいうともなく「これだからうちの国はダメなんだ。日帝時代にできた橋は今なおびくともしないのに……」とつぶやいたところ、そばにいた若い男がそれを聞きとがめ「おじいさん、何をいうんですか。日帝のせいでわが国の発展が抑えられたからこうなったんですよ！」と反論し、口論になったというのだ。

韓国人から聞いた話だが、植民地近代化論の当時の実状を物語るエピソードとして印象に残っている。そのころすでに「日本はいいこともした」という旧世代の体験談に反発する世代が増えていたということである。

学者、研究者の世界で植民地近代化論が公然化するのは１９９０年代からだ。それを主導したのは経済史学者でマルクス主義（左翼史観）から転向した安秉直ソウル大教授。彼を中心に１９８７年に韓国近代経済史研究会が発足し、その私的拠点として「落星台経済研究所」が設立される。研究会発足には日本の中村哲《なかむらさとる》・京都大学名誉教授（経済史専攻）が影響を与えたといわれている。

90年代になってその成果が発表されるようになるが、こうした流れには時代的背景があったように思う。

韓国社会から過去の日本統治時代の実体験者が少なくなり、実際（事実）とは異なる歴史物語が幅を利かすようになったことが、彼らの学問的良心（？）を刺激したということかもしれない。

つまり、いわゆる民主化によってイデオロギー的な左翼史観が拡大し、実証主義史観に危機感が生じたということである。

当時、筆者もその流れに付き合ったことがある。安秉直教授が論文「韓国経済発展と近代史研究」で問題提起し、李栄薫教授が全国歴史学会で「韓国史における近代社会への移行と特質」という発表をしたことを報じているのだ（1996年7月3日付、産経新聞）。

その時の記事の見出しは「『日本はいいこともした』日本植民地時代、韓国で再評価論となっている。そして、韓国の学界で主流になっている民族主義史観のタブーを破るそうした試みには「植民地支配を美化するもの」として当然、強い反発があり激しい論争になっていると伝えた。

記事では「植民地時代に日本はいいこともした」論について安秉直教授のコメントとして「それは事実だ。ただ侵略は侵略だったわけだから、日本として申し訳なかったということは必要だ。そうした気持ちを前提に〝いいこともした〟というなら何ら構わない」との談話がついていた。

ところがこの記事に対し安秉直教授から抗議がきた。自ら進んで「日本支配はいいこともした」とはいっていないし「何ら構わない」などという強い表現は使っていないというのだ。

記事が韓国のメディアに転電され、国内で安教授への非難が出ていたのだ。さもありなんだった。「植民地支配美化」や「親日派」に手ぐすね引いている批判派にとって、日本のメディア（それも右翼の産経新聞！）に紹介されたことは、足を引っ張る格好のネタになる。日本が喜んでいる、それみろ、けしからん……というのは韓国でよくある論敵、政敵に対する非難パターンである。

そこで今度は安教授からの抗議のことをコラムで次のように書いた（7月6日付のコラム「ソウルからヨボセヨ」）。

「『侵略と開発』論に基づく植民地時代再評価論は韓国では文字通りタブーへの挑戦である。したがって圧力もすごい。安教授としては日本マスコミでの取り上げられ方にも神経を使わざるをえないのが現実だ」

多少、皮肉が入っているが、植民地近代化論者たちも当時はまだ国内世論を気にしたそんな弁明（?）をしていたのだ。

『反日種族主義』が日韓双方で大ブレークし、とくに日本で引っ張りダコという現状を思えば隔世の感がある。わざわざ四半世紀前の記事を引用したのは、韓国社会のそれなりの変化をいいたかったからだ。

慰安婦問題の聖域に挑戦

『反日種族主義』に安秉直教授は加わっていない。李栄薫教授をはじめその弟子たちが中心になっている。そして本の内容は、韓国併合をはじめ日本による韓国支配、統治の全体像にかかわるものでは必ずしもない。日韓の間で外交的あるいは政治的争点になっているテーマが中心で、専門的な研究書というよりジャーナリスティックな印象である。こうした〝大衆性〟は売れ行きに貢献したはずだ。

実際のところ「民族の気脈」を断つため山に打ち込まれたという〝風水神話〟による「日帝鉄杭《くい》謀略説」や「旧朝鮮総督府ビル解体」の真相など、ジャーナリスト出身者による論文も含まれている。

この本が日韓双方で多くの読者の関心を集めたのは、やはり現在進行中で日常的にメディアに登場する日韓史の争点を取り上げているからだろう。慰安婦問題、徴用工問題、竹島・独島問題がそうだが、これらきわめつきの問題について、韓国の公式的立場を全面的に否定し、結果的には日本の立場に身を寄せる内容とあっては、日韓双方とも無関心ではいられない。

3大争点についていえば、「日本軍による強制的性奴隷20万人」説や「差別的強制労働」説の虚偽、それに独島問題の歴史的解釈の誤謬《ごびゅう》など、いずれも日本ではすでに多く語られ、それなりに知られている。むしろ近年、日本で数多く出版されているいわゆる〝反韓・嫌韓本〟にはよく登場する内容である。

したがって日本の読者にとっては必ずしも目新しい見方ではないが、大方の韓国人にとっては初めて目にする見解であり、日韓史について多様な見解が認められていない韓国ではきわめて衝撃的ということになる。その意味では『親日派のための弁明』の著者もいったように「日本人より韓国人に必要」な本なのだ。

『反日種族主義』のタイトルにキーワード的に使われている、聞きなれない「種族主義」なる言葉にもかかわるが、この本の中心的内容は慰安婦問題である。本の3分の1が慰安婦問題であり、著者代表の李栄薫教授が主にこれを執筆している。ここでは慰安婦問題にしぼって同書の意義を紹介しておく。

執筆者たちは慰安婦問題を「反日種族主義」のシンボルとしてとらえ、種族（部族）的反日情緒に彩られたその虚構性を実証的に暴露している。そこでは韓国軍や米軍の慰安婦、日本や朝鮮における公娼《こうしょう》制度の歴史、家族制度や性文化のことなどが幅広く考察されている。

つまり「われわれの中の慰安婦」という観点で日本軍慰安婦問題を相対化して考察しているのだ。その結果、「性奴隷」説の虚構ぶりや「反日」が狙いの慰安婦問題の異様さが浮き彫りにされている。慰安婦問題を反日という民族主義の感情の枠から解放しようという試みである。

慰安婦少女像は種族結束のトーテム

問題の「種族主義」だがこれは少し分かりにくい。李栄薫教授によると「種族」は「部族」といってもいいという。筆者なりにまとめると次のようになる。

近代に生まれた民族主義というのは、自由で独立した個人の存在を前提にしているが、韓国の場合それがないため民族とはいい難い。そこでは権威や身分が重視され、客観的な議論や異論が許されない。そしてシャーマニズム（呪術《じゆじゆつ》）的で集団的なウソを含む善悪論で隣人（日本）に敵対する。これは自由な個人が存在しない集団という意味で、民族より部族ないし種族といった方がいい。その呪術的な種族における不変の敵対感情は、日本を対象にしているので反日種族主義である、ということのようである。

きわめて手厳しい自己分析だが、李教授は「種族を結束させるトーテム（神話的、神秘的な象徴物）の役割をするのがウソだ」という。そしてそのウソが慰安婦問題だという。

慰安婦問題の最大のウソとされているのは、内外で「日本軍による慰安婦強制連行」説の唯一の具体的証拠とされてきた「吉田《よしだ》清治《せいじ》証言」である。

戦時中に韓国の済州島で、日本軍によって慰安婦にするための〝婦女子狩り〟が行われた――という日本人の回顧録のことだ。日本ではその後、現地調査などによって虚偽の話だったとして否定されたが、韓国では今も事実として信じられ、ドラマや映画、教育現場を含めあらゆるところでそのストーリーが「これが真実」として語られている。

吉田証言が虚偽だったという事実は韓国では人びとに知らされていない。意図的に無視されている。もし吉田証言が事実だったのなら、現場は韓国内だから官民挙げて大々的に調査結果が発表され、現地にはおそらく記念碑まで立てられただろう。

そんななかで吉田証言の虚偽という事実を、韓国で公開的かつ明確に指摘したのは本書が初めてなのだ。『反日種族主義』の最大の功績はこれだろう。

反日慰安婦問題は韓国では今や〝部族的トーテム〟として〝聖域〟になっている。誰も手がつけられなくなっている。批判はタブーであり、それを犯そうものなら身体的脅威はもちろん、刑事罰まで覚悟しなければならない。既成の慰安婦論にささやかに異議を提示した評論集『帝国の慰安婦』（日本語版は朝日新聞出版刊）の著者・朴裕河《パクユハ》教授は、今も法廷に立たされ続けている。

さらに慰安婦問題を反日武器に仕立て、問題を国際舞台にまで拡大して反日運動を展開してきた支援団体「挺対協《ていたいきよう》（挺身隊問題対策協議会）」も、最強の反日団体として批判はタブーに近かった。その代表者だった活動家は、2020年4月の総選挙で国会議員になっている。

本書にはこの「挺対協」に対する批判が含まれている。間違いなく反日タブーへの挑戦である。「挺対協」はその後、「日本軍性奴隷制問題解決のための正義記憶連帯」（正義連）など改称し〝種族主義〟的な雰囲気を強めていたが、2020年5月以降、元慰安婦との間で寄付金疑惑や運動のあり方をめぐって亀裂《きれつ》が生じている。李栄薫教授の批判ともどこか重なるところがある。李栄薫教授はこの本のエピローグで慰安婦問題についてこう書いている。

「何人かのアマチュア社会学者たちが、何人かの職業運動家たちが、この国の外交を左右した。全国民が彼らの精神的捕虜になった。全国が、彼らムーダン（巫女＝シャーマン、呪術者）となって繰り広げる鎮魂祭祀の会場になった。それはシャーマニズム（呪術）のにぎやかな祭りだった。いたるところに慰安婦を形象化した少女像が立てられた。誰も犯すことのできない神聖なトーテムだった……」

『反日種族主義』は韓国における慰安婦問題という「神聖不可侵なトーテム」に挑戦し、それを壊そうという試みである。その結果はまだ明らかではないが、勇気ある知的挑戦は高く評価されるべきだろう。

歴史守旧勢力との困難な戦い

ではその挑戦は今後、韓国社会でどれだけ受け入れられるのだろうか。

先に金完燮氏の『親日派のための弁明』を比較的詳しく紹介したが、これは「日本時代は私たちにとって祝福だった」でも明らかなように侵略論否定だった。しかし『反日種族主義』の著者たちはこれとは違う。その植民地近代化論は「侵略と開発」論であって、必ずしも日本による支配（侵略）そのものを認め、支持しているわけではない。

支配のなかでも開発と近代化が行われ、日本とともにそれを担い成功させた韓国人の自己開発、自己開拓を評価すべきという主張である。しかし民族主義過剰の公式史観は「侵略と収奪と抵抗」論に執着し、それを強調するあまり事実と異なるウソを国民に教え信じ込ませてきた。それが許せないというのだ。

このあたりを筆者なりに解釈すれば、公式史観は「侵略と収奪」のなかでも「反日抵抗によって韓国人はよくがんばった」論だが、今回の著者たちの植民地近代化論は、「侵略」のなかでも「開発と近代化で韓国人はよくがんばった」論ということである。「がんばった韓国人」ということでは両者どこかつながらないでもない。

そして両者の違いは、日本統治時代は全否定すべきなのか、それとも肯定的な面も認め評価をすべきなのか――の違いということになる。後者の観点についていえば、公式史観の教科書やメディア論評、そしてドラマ、映画などの〝日帝時代物語〟においては近年、それは部分的に反映されつつある。

たとえば日本統治時代の経済で、これまでコメは日本に「収奪」されていたのが日本への「移出」「搬出」に変化し、人口増加統計が引用されはじめた。「収奪と抑圧」だけでは人口は増えない。また「モダンボーイやモダンガールが存在した」などという社会的、文化的な近代化現象も肯定的に評価されている。

ただ『反日種族主義』はそうした植民地近代化論がテーマでは必ずしもない。慰安婦問題や独島（竹島）問題など宗教化した「民族主義の聖域」にかかわるテーマで既成概念に挑戦するものであるため、変化への道のりは険しい。とくに事実より「こうあるべき」という理念が優先する歴史観の国だけに変化は難しい。あくまで彼らはいまだ少数派である。

それに韓国で『反日種族主義』がよく売れた背景には、それが出版された2019年夏から秋の政治状況があった。

前章で詳述したが当時、左翼・革新系の文在寅政権の強引な政治に対し保守勢力の反発、抵抗が盛り上がっていた。ソウル都心の保守派の集会・デモ参加者は数十万人にもなり、「文在寅の反日扇動にだまされるな！」といったスローガンまで登場し、この本も集会・デモの現場で街頭販売された。

そうした保守勢力のつかの間（？）の政治的高揚のなかで、この本は保守派知識人の左翼勢力への挑戦と評価され、著者たちの予想を超える反応となったのだ。

しかしその後、保守派中心の反・文在寅というどこか季節的（？）な感もあった政治的プレミアムは後退してしまった。この本がさらにどう受け入れられるかは分からない。

後の章で触れるが、２０２０年４月の総選挙では想定外のいわゆる〝コロナ国難〟を背景に政権与党が圧勝した。政治的、社会的に保守派の後退は明らかである。これは『反日種族主義』には逆風である。韓国では歴史問題は政治的であり、いつも現実の政治状況と直結している。あらためて左翼をはじめとする歴史守旧勢力である批判派の逆襲を覚悟しなければならない。

それでも「親日」という言葉が今なお民族的裏切りや売国を意味し、政治的、社会的に影響力を発揮する韓国で、著者たちは「真実追求が親日といわれるのなら、われわれは親日派であることを喜んで甘受する」といっている。その心意気は知的でいさぎよい。

第八章

韓国は日本の防波堤か

――矛盾に満ちた文在寅語録

破格の盧武鉉・文在寅政権

大統領になる前、文在寅が秘書室長として仕えたボスの盧武鉉大統領（２００３―08年）は型破りな政治家だった。高卒で弁護士になり、国会議員時代には、聴聞会に引っ張り出された全斗煥元大統領に向かって、怒った勢いで議員名札を投げつけ話題になるなど、過激な言動で人気があった。

決して主流ではなかったが、２００２年のW杯サッカー（日韓共催）４位で盛り上がった「やればやれる」「わが国最高」「世界を驚かせた韓国」……という愛国ブームの余韻のなか、大統領選で当選してしまった。初の解放後（戦後）生まれの大統領とあって、若い世代の強い支持を受けた。どこか時代の変化を感じさせる政権だった。

文在寅政権のこれまた型破りな言動や政策を分析するのがこの章だが、その意味でまず彼の政治経験の原点である師匠・盧武鉉時代を振り返ってみる。もっともボスだった盧武鉉は、文在寅を政治家向きではないといっていたという話を聞いたことがあるが。

当時の盧武鉉の支持勢力というか政権を支えたのも左翼・革新勢力で、当初は本人も「米国を怒らせて何が悪い」など反米言辞が目立ったが、日本とは「もう過去にはこだわらない」などといってスタートは悪くなかった。日本は小泉純一郎《こいずみじゅんいちろう》政権で、前半は日本を国賓訪問したり、鹿児島の指宿《いぶすき》温泉で首脳会談をやったりした。

しかし後半になって反日ポピュリズムに侵され（?）、結局は何もいいことはなかった。反日に転じるきっかけは2005年3月の島根県の「竹島の日」制定だった。ここから〝独島愛国主義〟を煽《あお》りはじめ、反日外交に突っ走った。若い世代に支持者が多かったことから、彼らに最もアピールするネタに飛びついたようだ。

島の問題についていえば、日本通だった前任の金大中大統領は「韓国が支配しているのだから騒がないのが得策」という静かな外交だった。しかし盧武鉉は、あの島を愛国パフォーマンスの〝観光聖地〟にして対日挑発を楽しんだ。彼の時代には小泉首相の靖国神社参拝もあったので独島・靖国・教科書が当時の〝反日3点セット〟といわれた。

日本海の無人島だった竹島（独島）は1905年、日露戦争の末期に「無主の島」として日本が島根県に編入したのであって、日本の韓国併合（1910年）とは関係なかった。

ところがそれを盧武鉉政権は「単なる領土問題ではない、韓国併合にかかわる歴史認識の問題だ」という理屈で、教科書問題や靖国問題と同じだといい出したのだ。

この背景には、金大中政権時代の日本との教科書問題における成果（?）があった。韓国が官民挙げて大騒ぎし、攻撃したいわゆる扶桑社版『新しい歴史教科書』が、内外からの非難、圧力を受け、結果的に各学校での採択が低調に終わったからだ。つまりコトを歴史問題にすれば内外で日本に圧力が加わり、韓国は勝てると思ったのだ。

そこで盧政権は2005年3月、対日外交政策の基本方針というのを「国家安全保障会議（NSC）」の名前で発表した。これを見て驚いた。そこには「日本の良心勢力」と連帯し「両国市民社会間にネットワークを構築」して韓国の主張を実現させるとあったのだ。

連帯するのは日本国民ではなく「良心勢力」だという。日本の「良心勢力」とは、日本政府に反対ないし批判的で、とくに歴史認識問題で韓国の立場を理解したり支持する日本人のことをいう。きつい言い方をすれば「反日的日本人」のことである。

そういう日本人たちと連帯するというのは、別の言葉でいえば、今後、日本に対して世論分裂の〝外交工作〟をやるということである。それを政府の最高機関が外交方針として堂々と声明で発表したのだ。

反日運動団体など民間の運動や政党レベルの話ならともかく、政府公式機関の公式声明としては前代未聞のことだった。政府が相手国の反政府勢力と手を結んで外交（世論工作）をやるなどというのは、内部文書や内輪の話としてはありうる。しかし政府の方針として発表するなどというのはあまりに正直（！）すぎて、非常識このうえない。

盧武鉉政権について筆者は当時、よく〝NGO（非政府組織）政権〟と皮肉ったが、盧政権はそんな突拍子もないことをやった破格の政権だった。

不可解な突然の韓国防波堤論

ところが文在寅政権もそれに劣らず破格である。とくに文大統領の発言には驚かされることがしばしばだ。真意がどこにあるのか理解に戸惑うことが多い。

日韓関係最悪の背景には、これまでの経験では判断しにくいある種の国家間の波長のズレがある。日本からすれば「文在寅は何を考えているのかよく分からない」である。未経験の状況に入っている新たな日韓関係を考えるためには、あらためて文大統領の破格の言動を整理、分析しておく必要がある。

文在寅発言で最も驚いたのは、対韓貿易管理強化という日本の制裁に端を発する〝日韓外交戦争〟のなかで突然、飛び出した「韓国防波堤論」である。

文大統領は「国民との対話」というテレビ討論（2019年11月19日）の場で「日本の安全保障において韓国は防波堤の役割をしてやっている」といいだしたのだ。

発言の背景には当時、GSOMIA（軍事情報包括保護協定）破棄問題が大騒ぎになっていたことがある。日本の制裁に対し韓国側は報復としてGSOMIA破棄を発表。その後、破棄は保留となったが、日韓の安保問題への影響が議論されていたころだ。

それにもう一つ、日本政府が対韓貿易管理強化の理由として、韓国では日本から輸出された戦略物資の管理が不十分だとして「安保上の懸念」を挙げていたことも関係している。つまり、安保問題について日本側からしきりに文句をいわれている状況があって、それに反発する意味があったようだ。

発言はこうなっている。

「日本の安全保障において韓国は防波堤の役割をしてやっている。米国が提供する〝安保のカサ〟とわれわれの防波堤役割を通じ、日本は防衛費を少なくして自らの安保を維持している」

この防波堤論にはいくつかの不可解な点がある。最も不可解なのは、肝心の防波堤がどこからくる波を防いでいるのか、何からの防波堤なのかを明らかにしていないことだ。

発言の趣旨は、韓国が米国とともに日本の防衛費を部分的に肩代わりしているといいたいわけだから、この防波堤の波は北朝鮮と中国（つまり北方）からの軍事的脅威ということだろう。ところがそのことをいわず、あいまいにしているのだ。北朝鮮と中国を気にしているのは間違いない。

防波堤のことをいいたいなら「北朝鮮と中国（あるいは北方から）の軍事的脅威から日本を守っている」というべきなのに、それがいえないのだ。北朝鮮や中国を刺激してはいけないという配慮からである。それをいわずに対北方「防波堤」のことだけをいうのは卑怯《ひきょう》というものだ。

あの発言は結局、日本にいい顔をすると同時に、北朝鮮や中国にも気を配っていい顔をしようとしているのだ。しかしそんなあいまいな姿勢は、安全保障問題では説得力も迫力もない。

もし韓国防波堤論が文在寅政権の本音で本気なら、日本はその役割を高く評価し、以前のように時には韓国の無理にも耳を貸し、不満や不快もがまんするかもしれない。しかし肝心のところがあいまいなままでは発言は信じられない。韓国語風にいえば「真正性（チンジョンソン）がない」のだ。つまり「まじめじゃない」である。

日本相手の防波堤論というのは、韓国では昔から自らの存在価値を高くするためによく使われてきた。とくにソ連共産圏が存在した東西冷戦時代にはそうだった。韓国はソ連・中国・北朝鮮という北方からの共産主義の脅威から自由陣営を守る「自由の砦《とりで》（つまり防波堤！）」といわれた。安保上の価値が高く評価され、日本もその恩恵を受けた。

とくに「北方の脅威」が侵略戦争というかたちで現実になった1950年代の朝鮮戦争以降は、日本にとって韓国防波堤論は安保論の基本になり、韓国に対する支援、協力の根拠とされた。韓国が経済や外交でまだひ弱だったため、日本は韓国を支え続けた。1965年に米国の強い後押しで日韓国交正常化が実現したのも、その一環だった。

冷戦時代に日本の保守層の間でよくいわれた「釜山赤旗論」は韓国防波堤論の変形である。もう〝死語〟になっているがこんな話だった。

朝鮮戦争では中ソの支援を受けた北朝鮮軍は一気に韓国深く攻め入り、追い詰められ韓国は南端の釜山で持ちこたえた。もし釜山まで北朝鮮に占領されていれば、釜山に赤旗が立って朝鮮半島全体が共産主義になり、次は日本の番になっていたかもしれない。

「赤旗」は共産主義のシンボルだった。だから釜山に赤旗が立たないようにするというのが「釜山赤旗論」の真意だった。

今回の文在寅の防波堤論ですぐ思い出したのは、この釜山赤旗論と1980年代初め日本を悩ませた「安保経協論」である。

「安保経協」とは安全保障のための経済協力という意味だが、当時、発足したばかりの全斗煥政権（1980―88年）が、朴正煕政権（1961―79年）が大統領暗殺事件で幕を下ろした後、新しい日韓関係を作るためといって持ち出した。

その経緯は後に駐韓日本大使を務めた小倉和夫著『秘録・日韓1兆円資金』（講談社刊）に詳しいが、日本は政府借款60億ドルを含め総額100億ドルもの経済協力資金を求められた。その時の韓国側の言い分が「韓国は日本を守ってやっているのだから、防衛分担金の意味で相応の経済協力をすべきだ」というものだった。

筆者の記憶でいえば、当時の全斗煥政権の参謀たちはよく「日本は韓国の苦労のお陰で心おきなく高度成長できたじゃないか」といっていた。安保問題で日本が米国から「安保タダ乗り」論を聞かされたように、韓国も日本に対し似たようなことをいい出したのだ。

そんなことをいえば、日本だって在日米軍駐留によって韓国の安保に寄与しているのであって、その負担はかなりのものになる。そもそも朝鮮戦争で韓国が北朝鮮の侵攻を押し返せたのは、後方基地の役割をした日本の存在があったからではなかったのか……。

お蔵入りしたはずの冷戦時代論理

そんな水掛け論をやった記憶があるが、当時の韓国の主張は典型的な韓国防波堤論だった。彼らからすると、単なる経済協力要請では日本にお願いする感じがあって対等感がない。旧朴正熙政権に代わる「新世代」による新しい政権の新しい発想には、この対等感があった。そして対等な立場での〝要求〟として出してきたのが、聞きなれない安保経協論だった。

この時の外交交渉は結局、安保協力つまり軍事支援的な資金協力はできないという日本側の粘りで、最終的には政府機関の輸出入銀行による40億ドル借款で決着した。その後は韓国の対日外交から安保経協論は姿を消した。

朴正熙の長期政権が終わった後の全斗煥政権の初期は、新政権ということでいささか気負った雰囲気があった。対日意識にもその気負いがあり、韓国防波堤論に基づく安保経協論はその産物だった。それは当時の新政権発足という国内事情の反映でもあった。

防波堤論の後退は1990年代以降、ソ連共産圏の崩壊や中国の改革・開放などで国際情勢が劇的に変化したからだ。

それにともない朝鮮半島においても「北の脅威」が変化した。韓国もいわゆる民主化で対北朝鮮観が変わり、それにともなって「北の脅威」感は大きく後退した。そのことは北朝鮮に対し融和的な金大中、盧武鉉そして文在寅政権が誕生する背景にもなった。

ということは韓国防波堤論（やその前提だった〝北の脅威論〟）は東西冷戦時代の産物であって、日韓外交においてはすでに〝お蔵入り〟していたのだ。その冷戦時代の発想が今回、左翼・革新政権下で亡霊のように突然、登場したのだから、驚かないわけにはいかない。その真意は何だったのだろう。

実際、文在寅政権に「韓国が日本を守ってやっている」という考えがあるのだろうか。その考えがあるなら、韓国および日本は「北からの脅威」つまり、北朝鮮や中国からの安保上の脅威にさらされているという前提がなければならない。

ところが文政権のこれまでの外交ぶりからは、その前提はまったく感じられない。北朝鮮とは周知のように首脳会談を重ね、対北軍事演習もほとんど縮小・中止し、経済的な支援・協力ばかり呼びかけ、非難されてもろくに反論・反発もせず……融和的姿勢に終始してきた。内外で〝親北政権〟といった評さえ聞かれたほどだ。

中国についても、この地域における安全保障上の脅威論などまったくといっていいほど語られない。むしろ、脅威どころかまるで同盟国であるかのような気配りが目立つ。

これらを善意に解釈すれば、そうした融和策や友好外交で脅威を緩和させているのだということかもしれないが、一方で日本に対する姿勢は融和や友好とはほど遠いだけに、日本の安全保障まで考えてそうしているとは到底思えない。

文在寅がいう対日防波堤論が成立するためには、何よりもそれによって守られる側と守る側である日韓の間に、この地域の安全保障をめぐって連帯感、共感あるいは一体感といったものがなければならない。ところが先のレーダー照射事件や旭日《きょくじつ》旗問題でも明らかなように、それが無いというか、日本側にはそれが感じられないのだ。

そんな状況下で、唐突に「日本を守ってやっているではないか」といわれても理解不能、不可解というしかない。

となると今回の防波堤論は結局、日本に韓国の存在価値を印象付け、恩着せがましく振舞うことで日本から相応の見返り（あるいは譲歩）を得ようという、いつもの外交的手練手管に過ぎないということになる。

文政権は北朝鮮や中国に対し融和と友好という〝いい顔〟を見せながら、一方の日本に対しては逆に防波堤論でその〝脅威〟を臭わせ気を引こうというのだ。これでは外交的な綱渡りをやっているようなものである。北朝鮮や中国から防波堤論の真意をただされた場合、どう答えるのだろう。日本外交も真意を聞いてみてはどうだろう。

ただ、そうした周辺国を巧妙に操ろうとする外交術は、この地域の地政学的環境からくる伝統かもしれない。韓国でよく耳にする言葉に「国際関係には永遠の友も永遠の敵も無い」がある。それではどことも確固とした外交的信頼関係は生まれないのではないか、と思うけれど、彼らはそれでこの地域をしたたかに、ずるく(?)生き抜いてきた。そういう隣国だと思うしかない。

東アジアの地政学的環境からして、日本にとっての朝鮮半島あるいは韓国の安全保障上の価値は、昔も今も将来も間違いなくある。したがって韓国防波堤論は今後も出てくる余地は十分ある。しかしそれはそのつど、その真意をしっかり検証しながら対応することである。

南北協力で日本に勝つ

驚きの文在寅語録のなかでもう一つ印象的なのが、北朝鮮への限りない思い入れだ。

文政権は日本が外交的圧力として制裁的な対韓貿易管理強化策を発表した後、対日経済戦争論という反日キャンペーンで対抗した。その際、経済問題で日本にどう対抗するかを語ったのだが、出てきたのは南北協力論だった。日本と経済戦争を戦うために北朝鮮と手を結ぶという「北カード」を持ち出したのである。

日本の制裁発表から約1カ月後、文在寅は青瓦台（大統領官邸）で開かれた幹部会で次のように語った（2019年8月6日付、朝鮮日報の要約）。

「南北間の経済協力で平和経済が実現できれば、われわれは一気に日本の優位に追いつくことができる。日本は決してわれわれの経済跳躍をさえぎることはできない。かえって経済強国になるため、われわれの意志を強めてくれる刺激剤になるだろう」

「今回のことでわれわれは平和経済の切実感をあらためて確認することができた。日本経済がわれわれより優位にあるのは、経済規模と内需市場だけである。平和経済こそは世界のどの国も持つことができない、われわれだけの未来である」

ここで「平和経済」というのは、北朝鮮との間での平和共存による南北協力経済といった意味だが、それができれば経済的に日本の優位を一気に崩せるというのだ。当時の韓国のメディアはこれを「日本の輸出規制による経済的困難は南北の経済協力で解決できる」という趣旨だと解説している。

端的にいえば「南北が協力すれば経済的に日本に勝てる」といっているのだが、その根拠として「日本経済の優位は規模と内需だけだから」という。つまり南北協力すれば「規模と内需で日本を上回り日本には勝てる」というのだ。

日本による「経済侵略」とか「日韓経済戦争」などといって反日愛国感情を扇動していた時だから、その代案として北朝鮮との協力という民族主義に訴えたのだ。

韓国では以前からこうした発想が大衆的次元ではしばしば登場する。たとえばいつも思い出すのが、１９９０年代初めに大衆小説として爆発的にヒットし映画化もされた『ムクゲの花が咲きました』である。

韓国でよくある日韓仮想戦争の話だったが、日本の自衛隊が独島（竹島）を奪おうとして韓国に侵略してきたため戦争になり、最後は北と共同開発した核ミサイルを発射し日本を屈服させるというストーリーだった。

「日本とは戦争して一度勝ってみたい」とともに「南北が手を結べは日本より強い国になる」というのは、民族主義感情を背景にした韓国人の見果てぬ夢である。それはある意味では韓国人の〝ハン（恨）〟の表現である「そうありたい」「そうあるべきだ」という〝べき論〟の典型でもある。

「日本より北朝鮮」の危うい方向性

ただこの時期にこうした「北カード」が登場するあたり、文政権の特異性が表れている。そしてこれは結局、韓国が「日本より北朝鮮」を選択していることを意味しており、韓国の国家としての危うい（？）方向性をわれわれにイメージ付ける結果になった。

「危うい」というのは、先の章で触れたGSOMIA破棄問題もそうだが、この地域における国際情勢の現実的課題は「核の北朝鮮」にどう対処するかなのに、その北朝鮮と手を結ぶ話をしているからだ。文在寅はこれまで北朝鮮の非核化を国際的に触れ回ってきたわけだし、その対応策として日米韓をはじめとする国際協調を語ってきたのではなかったか。

そんな状況下で突然のように「日本より北朝鮮」という国家的な選択を語られたのでは、肝心の北朝鮮に対する国際的な非核化戦略にも疑問が生まれる。いとも平気で、日本に勝つためには北朝鮮と手を結ぶというのだから当然、「文政権には対北日米韓協調をやる気があるのか？」ということになる。

もちろん文在寅発言では、南北の平和共存が実現することが南北による「平和経済」の前提になっている。その結果として北朝鮮と手を結べるということだが、そんな仮定の話を現実の日本との厳しい外交局面でなぜ、唐突にいい出すのかだ。形を変えた反日論である。

文在寅発言にある「南北が経済協力すれば一気に日本の優位に追いつける」とか「日本経

済の優位は規模と内需市場だけ」という部分にも、首を傾げざるをえない。

文脈的には前者の根拠が後者ということだが、韓国に対する日本の経済力の優位が「経済規模と内需市場だけ」だったのなら、コトの発端になった半導体素材3品目の輸出手続き強化くらいで、国を挙げて大騒ぎする必要はなかったはずだ。「規模と内需」の貧弱な北と手を結んで、韓国にどんな競争力が生まれるというのだろう。

それに、南北協力で一気に日本に追いつける？

経済的常識からすれば、南北協力でまずしなければならないことは、北朝鮮経済の底上げであって、そのためのインフラ改善を中心とする外からの支援、投資ではなかったのか。その際、日本も一役買わされるかもといった話はあったが、それで「経済的に日本に一気に追いつく」などという展望は初めて耳にした。

韓国経済が日本に対し劣っているのは「経済規模と内需市場だけ」などとは大衆相手の経済評論家でもいわないだろう。それを大統領が大真面目に語っているのだ。日本との経済力の差は「量（規模）」ではなく「質」ではなかったのか。

この発言は本章の冒頭で取り上げた韓国防波堤論より3カ月ほど前になる。ということは、3カ月前には「北朝鮮と手を結んで日本に勝つ」などと、国内向けに調子のいいことをいっておきながら、3カ月後には「北朝鮮の安保上の脅威から日本を守ってやっている」みたいに今度は、日本の方を向いて調子よく別のことをいっているということになる。

歴史を国内政治に利用するのは誰か

以上の二つは北朝鮮がらみであると同時に文在寅の日本観にかかわる。文在寅語録には日本に関するもっと直接的な発言もある。次にそれを紹介するが、これも首を傾げるものだった。そうした対日観がどこからもたらされているのか、そうした対日観に基づく対日外交の危うさが気になる。その例が大統領就任2周年記念のテレビ会見（2019年5月9日）での発言である。

日韓関係悪化の背景について聞かれ「日本の政治指導者が歴史を国内政治に利用しているため、関係発展の妨げになっている」と語ったのだ。

ここで「日本の政治指導者」とは安倍首相のことである。一国の首脳が特定国の首脳を公式発言で批判するというのは異例であり破格である。その意味ではトランプ大統領もきわめて破格だが、それはともかく文在寅発言は、日韓関係悪化の原因は安倍首相にあるといっているのだ。正直といえば正直だが普通、外交的にはありえないことである。

「歴史」といえば当然、日韓間の懸案である慰安婦問題や徴用工問題さらには竹島（独島）問題などということになる。そしてそれを「国内政治に利用している」というのは、そうした問題をめぐる外交を国内での選挙や、政権への支持や人気拡大のために利用しているという意味である。

端的にいって、安倍首相は国内政治の都合で対韓強硬外交を展開し、世論のいわゆる反韓・嫌韓感情を煽っているというわけだ。韓国メディアはこれまで〝アベ憎し〟で終始そういう報道をしてきたが、大統領自身が直接そういう発言をするというのは別の次元である。

そこで当時、筆者はたまたま発言の翌日にあった外信記者クラブでの外相会見の際に質問してみた。

「昨日の大統領発言における日本観について外相も同じ考えか？　同じとするとそうした見方の根拠は何か？　日本では逆に韓国が歴史問題をいつも国内政治に利用しているのではないかと思っている。韓国外務省は日本事情について誤った情報や判断を大統領に上げているのではないか？」

いささか嫌味な質問だったが、康京和《カンギョンファ》外相の答弁は「大統領発言について自分はコメントする立場にはない。外務省はちゃんと仕事をしている……」などという当たり障りないものだった。この反応は想定内のことで、質問者としては日本側の疑問が韓国側に伝わることを計算してのことだった。答えより質問に意味を持たせたのだ。この時のやりとりは当然、国内メディアで伝えられた。

ところがその後、文大統領は大阪でのＧ20サミット出席を前にした内外メディアとの書面インタビュー（6月26日）でも、日韓関係に関しまったく同じ発言をした。この時は大阪で久しぶりに日韓首脳会談が予定されていた。それを前にした安倍首相批判だったから、これはもう〝確信犯〟である。

原因と結果を取り違えた日本観

歴史問題で対立する日韓関係を国内政治に利用しているということは、日本におけるいわゆる反韓・嫌韓感情拡大は日本側の政治的理由、つまり安倍政権の人気取り策として作られたものということになる。日韓関係最悪の現状についてはすでに本書冒頭で詳しく書いたが、その原因や背景について文在寅は、日本側とはまったく異なる見解を持っているということだ。

問題の原因や背景について見解が違ったのでは問題の解消は難しい。

すでに指摘したことだが、最近の日韓関係の悪化は過去とは逆であって、日本の国民が韓国に怒り不満をつのらせ、その結果、国民世論に反韓・嫌韓感情がひろがっていることからきている。その理由は韓国側での執拗《しつよう》な過去（歴史）蒸し返しや日本叩《たた》き、日本への侮辱、そして歴史がらみの約束や合意、法律や国際常識の無視……などに対する気重な疲労感である。

その結果、「日本の政治指導者」もそうした国民感情や世論に配慮せざるを得なくなったのだ。政治（家）が世論を煽っているのではなく、政治（家）が世論を無視できなくなっているということである。

文在寅発言の日本観は、原因と結果を取り違えているのだ。いつものように問題を「人のせい」にして安心しているようにみえる。韓国では昔から歴史でも政治でも外交でも「悪いのはいつも日本」といって安心してきたが、今や日本側の対韓感情の変化によってその図式はもう通用しなくなりつつあるというのに。

日本の政治、外交が韓国に対し厳しくなっていることは間違いない。日本国内の野党陣営など安倍政権批判の反政府勢力のなかには、選挙の時など日本の対韓姿勢の変化を指して「保守派結集のため反韓（歴史？）を国内政治に利用している」と批判の声が出ることも事実である。

しかしそうした批判こそ都合のいい「日韓問題の国内政治への利用」であって、世論の大勢ではない。それを韓国の大統領が対日外交における現状認識の基本にしたのでは、外交はかみ合わないし、解決に向けた前進はない。先に紹介した盧武鉉時代の「日本の良心勢力との連帯」論を思い出す。

相手を見誤っては物事は進まないということは、日本自身についてもいえる。日本では文在寅政権について〝親北・左翼政権〟として全否定的な見方が強いが、韓国世論もそうだと思い込むのは困る。次章で触れることになるが、政権の中間評価でもあった2020年4月の総選挙における政権与党の圧勝は、そうしたどこか気楽な（?）一刀両断的な見方の危うさを示している。

権力者が歴史をいじってはいけない

文在寅語録の問題については、以上書いたような話も国内的にはことさら大きな話題にはなっていない。それらはむしろ筆者の関心といっていい。国内的に話題になったのは、むしろ近現代史にかかわる歴史認識のことである。いわゆる左翼史観というか民衆史観によって、歴史を恣意的に裁断することに対する保守派サイドからの批判がそうである。

文大統領が「8・15光復」に関して「外からもたらされたものではない」などという〝新説〟を語ったことはすでに紹介したが、国内では文政権の登場で韓国の「建国年」をめぐる論争まで起きている。

韓国ではこれまで、解放後の1948年、李承晩を初代大統領とする新政府のスタートを建国年としてきたが、文在寅はこれを変えてしまったのだ。

1919年の3・1独立運動を機に当時、上海で独立運動家たちによって結成された亡命政権的な「大韓民国臨時政府」のスタートが「建国元年」だというのだ。李承晩も独立運動家出身で臨時政府のメンバーだったが、解放後は親米右派で親北・左派勢力を弾圧した政権だったから、李承晩政権のスタートを建国にはしたくないのだ。

そこで「3・1」100周年の2019年に建国100周年の記念行事までやったのだが、そもそも「上海臨時政府」は政府としてそれほどの実体はなく、国際的にもその存在は認められていなかった。1945年の「光復」に際しても対日戦勝の連合国からは亡命政府として認定されず、祖国への〝凱旋《がいせん》〟もかなわなかった。

ところが100年前の臨時政府を韓国のルーツだとして「建国記念日」を祝った文大統領が、一方では臨時政府に反対していた共産主義者を持ち上げ物議をかもしているのだ。

戦没軍人など国家有功者を称《たた》える「顕忠日」（2019年6月6日）の記念式典演説で、日本統治時代末期に中国で蔣介石《しょうかいせき》軍の支援を受けていた独立運動家たちの「光復軍」に加わっていたという、「金元鳳《キムウオンボン》」なる人物を紹介し称えたのだ。

この人物は当時、抗日テロ組織といわれた「義烈団」の中心メンバーで、先年、韓国の反日愛国映画『暗殺』の主人公になり注目された。大統領になる前の文在寅はこの映画を見て感動し、彼を政府認定の「独立有功者」にすべきだと語ったことがある。

当時、文在寅にとってそれは私的感想だったが、大統領になって公式演説であらためて彼を称賛したのだ。

金元鳳は上海臨時政府にもかかわっていたが、共産主義系列の抗日活動家で、解放後は金《キム》日成《イルソン》体制下の北朝鮮で閣僚など要職についた。とくに朝鮮戦争では勲章を受章するなど北朝鮮権力層の要人だった。抗日独立運動の経歴はあるものの、解放後は韓国への侵略戦争を主導し韓国にとって敵対的だった人物を、よりによって戦没者記念日の「顕忠日」に称えたのである。

金元鳳については上海臨時政府の代表だった金九《キムグ》の自伝『白凡逸志』にこう書かれている。「しばらくすると（1932年ごろ五つの党派が統一し）朝鮮民族革命党が出現した。この統一のイニシアチブをとった金元鳳、金科奉《キムドゥボン》らの義烈団は、臨時政府を目の上のこぶのように忌み嫌っていた連中で、臨時政府の解消を猛烈に主張した」（東洋文庫の日本語版から）

臨時政府には思想や活動方針などさまざまな党派が雑居しており、派閥争いと分裂が絶えなかったことで知られる。金九は最後まで残った代表者で、解放後の韓国で政治指導者の一人となったが政局混乱の中で暗殺されている。現在の韓国で最も尊敬される偉人伝の人物である。文在寅はその金九の臨時政府を韓国建国のルーツと称えながら、一方ではその臨時政府を否定し、さらに解放後は韓国打倒の侵略戦争の先頭に立った人物を称えているのだ。

これはもう支離滅裂に近い。文在寅語録にはこの種の辻《つじ》つまの合わない話がいくつも出てくる。実に場当たり的にみえる。

そして一国の政治指導者というか権力者がしきりに歴史をいじっているのだが、これも危うい。時流に合わせた恣意《しい》的な歴史手直しは独裁体制でよく見られる現象である。権力者が歴史をいじりだすと、それはほぼ確実に「歴史歪曲《わいきょく》」につながる。前章で話題にした『反日種族主義』は、すでにそうした権力サイドからのあらたな歴史歪曲という逆風にもさらされているのだ。

第九章

朴正熙に助けられた文在寅

――大逆転のコロナ政治学

父の身代わりとなった朴槿恵

文在寅政権の性格を物語る政策に「積弊清算」というのがある。その象徴が文政権に先立つ過去、2代の保守政権を率いた大統領、朴槿恵と李明博をいずれも投獄したことだ。「積弊」とは「積年の弊害」の略になるが「積年」とは、言い換えれば過去の保守政権時代ということである。したがって「積弊清算」とは、過去の保守政権を否定し、その政権がやったことを「弊害」として消し去ることを意味する。

端的にいって、投獄された二人にはそれぞれさまざまな法律上の罪が科せられているが、それらがどういう罪だったか韓国人でも詳しく記憶している人はほとんどいない。法律上の罪の内容などはさして重要ではないと思っているからだ。

ではあの投獄は何だったのかというと、政治的立場が異なる与野党政権交代に伴う、新政権の旧政権に対する〝政治報復〟ということである。

たとえば朴槿恵政権の前の李明博に対する逮捕、投獄など、法律的には大統領になる前の彼が関係していた企業にかかわる背任容疑つまり資金疑惑によるものだが、そんなのはいわば昔話であって、さしたる問題ではない。にもかかわらず投獄されたのは、端的にいって、李明博政権下で文在寅のボスだった盧武鉉元大統領が家族の金銭疑惑にからんで捜査対象になり、自殺に追い込まれたからである。

文在寅および文政権からすると「盧武鉉は李明博に殺された」ということになる。投獄はその怨念《おんねん》からくる報復だと、多くの韓国人は思っている。

朴槿恵の場合、その罪については「国政壟断《ろうだん》」となっている。「壟断」とは難しい言葉だが辞書を引くと「利益の独り占め、独占」とある。朴槿恵が私的友人の崔順実に事業上の便宜を図るなど、権力の乱用つまり職権乱用があったというのだが、本人が「国政」において私的利益を得たわけではないのだから「壟断」とはよく分からない。

政治報復においては法律上の罪など後から探せばいいのだ。

それに文政権は、朴槿恵を弾劾、逮捕、投獄で追放して誕生した。その政権獲得を「ロウソク革命」と称している。「革命」のつもりだから旧政権に対する報復、粛清は当然ということになる。文政権のスタートで朴槿恵のみならず、前政権下のほぼすべての権力機関の幹部がさまざまな理由で投獄された。それは最高裁長官の投獄をはじめ司法にまで及んだ。韓国政治には「人事が万事」という言葉があり「権力イコール人事」である。粛清人事は「積弊清算」の象徴だった。

文在寅をはじめ左翼革新勢力が、「ロウソクデモ」という「力」で朴槿恵を執拗《しつよう》に糾弾し、政治的追放のうえ投獄にまで追い込んだ背景には、これまた朴槿恵に対する政治的怨念があった。政治報復には政治的怨念がなければならない。それは李明博に対する怨念よりもさらに根深い、歴史的怨念である。

朴槿恵が人生半ばにして政治家となり、大統領にまでなれたのは父・朴正熙のお陰である。韓国に経済発展と近代化をもたらし、宿敵・北朝鮮を上回る国力を育てた朴正熙とその治世（1961―79年）に、多くの国民は尊敬と郷愁を抱いていたからだ。

そして彼女自身、母を北朝鮮がらみのテロ事件（文世光事件）で失い、父も権力内部の暗闘による暗殺事件で亡くすという、いわば〝悲劇の娘〟だった。多くの人びとにとって彼女は、早くして父母を非業の死で亡くした、いたわしくもけなげな、同情すべき存在として記憶されていた。

その彼女が2012年の大統領選で野党候補の文在寅と戦って僅差《きんさ》で当選したのだが、選挙戦においては野党陣営から「日本軍中尉タカギ・マサオの娘」「親日派（売国奴）の娘を大統領にしていいのか」などという悪意のキャンペーンにさらされた。ちなみに「タカギ・マサオ」とは、父・朴正熙が戦前の日本統治時代に実施された「創氏改名」政策により日本名として使った「高木正雄」のことである。朴槿恵に対する支持も反対も父・朴正熙が理由だった。

その後、今度は文在寅が大統領になり、朴槿恵を逮捕、投獄し「積弊清算」をいいはじめたのだが、それは前回の選挙で敗れた腹いせなどではない。理由は「朴槿恵イコール朴正煕」だったからである。

文在寅およびその支持勢力にとっては、端的にいって朴槿恵が憎かったわけでは必ずしもない。憎いのは父・朴正煕なのだ。したがって朴槿恵は父の身代わりとなって投獄されたといっていい。彼女は父のお陰で大統領になったが、父のお陰で追放され投獄の憂き目に遭ったことになる。

彼女にとってこの二度目の悲劇は、見ようによっては親孝行だったのかもしれない。父は政権内部の意見対立という政治的理由で暗殺されたが、反対勢力によって生きて獄につながれるという屈辱は免れた。父に代わって自ら犠牲になったとすれば、娘としてはもって瞑《めい》すべし、なのかもしれない。

朴正煕は「日本」と「北朝鮮」で憎まれた

文在寅勢力からすると、彼らは父・朴正煕に代わって娘・朴槿恵を〝血まつり〟に上げたことになるが、彼らはなぜそんなに朴正煕を憎んだのか。

そこには「朴正煕時代をどう評価するか」という韓国現代史への見方が大きくかかわっている。文在寅勢力はそれを「積弊」といって否定しているのだが、その際のキーワードは

「日本」と「北朝鮮」である。

朴正熙時代というのは、国民生活を豊かにし、北朝鮮の再侵略から国を守ることが最大の国家目標だった。「貧困は共産主義の温床」と考えたからだ。経済をよくしない限り国の守りもおぼつかない。

朴正熙の目標は「経済と安保」でしっかりした国を作るということだったが、そのために日本との国交正常化（１９６５年）を進め、日本の支援、協力を基礎に経済発展に成功し国力増大を実現した。韓国の経済力が北朝鮮を上回ったのは朴正熙時代の１９７０年代前半である。

しかし「経済と安保」重視の効率的国造りを進めるため、左翼思想や労働運動は禁止された。反政府活動家の逮捕が相次ぐなど政治的自由は制限され、当時の野党や左翼などいわゆる民主化勢力はこっぴどく痛めつけられた。こうした国家経営は後に「開発独裁」と評されるが、国家的目標達成のために自由と民主主義は一時がまんするということで、「韓国的民主主義」と称されたりした。

そういえば朴槿恵と同じように投獄された李明博は、その開発独裁の申し子だった。韓国最大の財閥・現代グループの中核「現代建設」の社長として、高度経済成長を担った人物だった。朴槿恵とまるで一蓮托生《いちれんたくしよう》のように投獄（報復）されたのも、歴史的背景としては一理あるかもしれない。

いずれにしろ朴正熙時代に政治的にいじめられ、痛めつけられたのが現在の文在寅勢力である。朴正熙時代から次の全斗煥政権にかけ、彼らの多くは反政府闘争の過程で連行や投獄を経験している。そうした政治体験は彼らのトラウマ（心の傷痕《きずあと》）であると同時に、時代が変われば〝勲章〟にもなった。しかし朴正熙とその時代への恨み――怨念としては残り続けた。

ただ、朴正熙に対する彼らの怨念を語ろうとする時、自ら痛めつけられたという体験はそれほど大きな要素ではないかもしれない。というのはすでに指摘したように、その体験は後に〝民主化勲章〟となって人生にプラスをもたらしたからだ。

１９９０年代以降の民主化によって、過去の民主化闘争を看板にした政治家では金泳三、金大中、盧武鉉の３人が大統領になっており、文在寅を含めれば４人にもなる。そのほか民主化闘士で各界の有力者や名士になった者は多い。彼らは「痛めつけられた」ことの代償をたっぷり手にしているのだ。

したがって彼らの怨念というのは、政治的に弾圧されたということよりも、朴正熙時代の成果というか、それに対する評価の問題である。そこで出てくるのが「日本」と「北朝鮮」である。この二つの観点で彼らは今にいたるまで朴正熙を許せないのだ。

彼らにいわせると朴正熙は、日本統治時代に日本軍将校（実際は日本の陸軍士官学校を出た満州国軍将校）だったという典型的な「親日派」である。親日派とは民族的裏切りないし売国奴の意味をもつ。しかし朴正熙の指導の下、韓国は経済発展し、ついには国力で北朝鮮を凌駕《りようが》した。その過程で日本の支援、協力を存分に生かした。

ところが一方の北朝鮮は、抗日独立運動出身の金日成の指導の下、共産主義・社会主義の公約だった「コメのご飯と肉のスープ」も提供できず、最後には〝飢餓国家〟に没落した。国際的位相も韓国に劣る。国民を幸せにする国家経営において「親日の朴正熙は成功し反日の金日成は失敗した」のだ。

文在寅勢力にとっては、何にもましてこのことが許せないのである。

彼らの政治的理念つまりイデオロギーは「民族主義的社会主義」といっていい。その理念からして朴正熙の歴史上の成功は限りなく不愉快なことであり、政治的自尊心から決して許せないものなのだ。否定されるべき「日本」と理想であるべき「北朝鮮」という彼らの理念、願いを、朴正熙は無残に踏みにじったのだ。

つまり朴正熙時代の韓国の成功は、文在寅勢力にとっては悪夢であり、アイデンティティを揺すぶられるイデオロギー上の危機であり敗北だった。その危機、不安を解消するために全力を上げたのが、朴正熙および朴正熙時代に対する否定や評価切り下げである。

その方法の一つは、朴時代の成果よりそれに反対した反政府勢力の活動を評価し、称《たた》えることだ。現在、歴史教育やメディアの歴史回顧では、韓国の現代史は反政府デモの話ばかりだ。

その象徴が1965年の日韓国交正常化の評価である。日本との国交正常化でもたらされたプラスには触れず、正常化に反対した学生デモの方が称えられている。

文在寅政権が声高に主張している「積弊」というのは結局、朴正煕時代を否定することであり、そこから朴時代が生み出し、朴時代を支えた韓国の保守政治と保守派を否定することである。この保守派は、日本や米国との協力関係で「経済と安保」を実現した朴時代の政治的主流であり、その後の韓国政治における保守派の中心になった。

文在寅政権が「積弊」論のなかで、あらためて「親日派追放」という、一見したところ迂《う》遠《えん》な話を持ち出したのも理由がある。繰り返すが、親日派とは韓国では今なお「売国奴」である。したがって「朴正煕イコール保守派イコール親日派」という図式で朴正煕をおとしめ、かつ保守派を現実政治から追放するという計算からである。

以上、ここまでが本章の前置きみたいな部分だが、いささか長くなったのは、破格な文在寅政権を考えるためには韓国の現代政治史の視点が不可欠と思うからである。といってもそれはもちろん、あくまで筆者の観点であって、韓国の教科書に書いてあるようなものではない。

文在寅の対北「経済カード」の由来

以下が本論である。文在寅大統領は当初から北朝鮮との関係改善を政権の最大目標に掲げてきた。北との関係改善を通じ北との交流、協力を深め、南北和解・平和共存を実現することでお互いの繁栄を目指すというわけだ。その延長線上にいずれ平和的な南北統一が可能になるという考えである。

長期的楽観論による対北融和策だが、それにしたがってまず、北との緊張緩和や信頼関係の構築といって対北支援事業を積極的に進めようとしてきた。

そこで2018年初め、北朝鮮が韓国・平昌《ピョンチャン》での冬季五輪開催を前に対外的に対話姿勢に転じたのをきっかけに、文政権は南北関係改善と平和共存に向け動き出した。

しかし南北関係改善に踏み出すには、北朝鮮に対する核開発問題にかかわる米国を先頭とする国際社会の対北制裁がひっかかる。文在寅は対北支援や交流の前提として、北から「非核化の約束」を取り付ける必要があった。

文在寅からすると、3回の米朝首脳会談と3回の南北首脳会談を通じ、金正恩の「非核化の意志」は確認したことになっているが、その後、北に非核化に向けた具体的な歩みはない。

この対北非核化交渉の過程で、文在寅が金正恩に対する説得材料にしきりに使ったのが

「経済」だった。つまり、核を放棄すれば韓国をはじめ国際社会は北の経済建設・発展のために協力を惜しまない、核を捨てて国民生活を豊かにする経済発展を選択してはどうか……といって南北協力による北経済発展プランなども示した。

トランプ大統領が「北は大きく発展する可能性がある」といった趣旨のことを繰り返し発言していたことも同じ脈絡である。

つまり文在寅にとって、金正恩を動かすことができるカードはひたすら経済というわけだ。少なくともこのカードだけは北に対し自慢できる。それは経済規模だけではなく国民の暮らしということでもそうだ。文在寅は金正恩とは手ぶらで対話や交渉はできない。

韓国に北を上回る経済力というバックがあったからこそ、それを〝エサ〟に金正恩との対話、交渉に胸を張って臨めたのである。

ところで文在寅が金正恩に対し最大の交渉カード、つまり〝切り札〟にしている北を上回る経済力というのは、いったいどこから生まれたのか。

それはすでに指摘したように朴正熙時代の経済建設からである。文在寅勢力が反対し足を引っ張り続けた、朴正熙の開発独裁の産物である。文在寅は「積弊清算」といって否定し追放しようとしている、過去の保守政権の原点である朴正熙時代の成果をいただいて、金正恩を説得しようとしてきたのだ。

皮肉といえば皮肉だが、ある意味では当然のことでもある。どの国もどの民族も過去の積み上げのなかに現在がある。

したがって「積弊清算」などといって過去を一方的に否定し、そのことを自慢してはいけない。それこそ歴史への冒瀆《ぼうとく》である。文在寅は今まさにお世話になっている「経済力」という朴正熙時代の遺産（歴史）に、謙虚にならなければならない。

以下は余計な話かもしれない。韓国では現在、自らの現代史について「戦後世界史で経済発展と民主化を同時に達成した稀有《けう》な例」と誇らしく教えている。それはその通りである。

しかし文在寅勢力は当然、経済発展より民主化の方が誇らしい。自分たちの努力で実現した成果だからだ。とすると金正恩との対北交渉においても、この「民主化カード」を使ったらどうかしら？　もちろんこれは文在寅と金正恩に対する皮肉だが。

「平和」へのタダ乗り

もう一つ文政権下では「平和」という言葉があふれている。とくに北との対話が始まり、非核化をめぐって米朝や南北の首脳会談が活発に展開されていたころはそれが目立った。

たとえば2018年4月、板門店《はんもんてん》で文在寅と金正恩の間で初の南北首脳会談が行われた際、韓国政府がソウル市内に設けた国際プレスセンターの正面には、でっかく「平和、新たなはじまり！」と書かれていた。その後も政府の広報文書やメディアには「平和」の文字があふれ、その年の地方選挙でも政権与党のスローガンは「平和」だった。

先ほど紹介した「平和経済」などというのもそうである。

文政権としては南北対話を通じ、南北対立と緊張が緩和されることが平和であり、それに全力を挙げていることを強調したいのだ。以来、韓国では〝平和ブーム〟なのだが、ここにも文政権の歴史（過去）に対する〝ゴーマン〟ぶりがうかがわれる。「平和」の主張がなぜゴーマンか？

文政権は南北対話、協力を通じ南北平和を実現させるという。いや、対話や軍事的緊張の後退によってすでに平和になったともいっている。では韓国はこれまで平和ではなかったのか？

平和は戦争の反対語である。韓国における戦争とは、北に侵略された朝鮮戦争（1950―53年）であり、それが再び繰り返されないことが平和だった。朝鮮戦争以降、これまで北の再侵略を防いだという意味では、韓国は平和を維持したのである。

もちろんこの間、虎視眈々《こしたんたん》の北からはテロや軍事挑発を含め数多くの脅威があった。犠牲者も多く出ている。それでも戦争にはならなかった。韓国の安保上の対応がそれを阻止したから平和は維持できたのである。北からの軍事的脅威を防ぎ、退け、平和を維持できた安保上の対応の原点はどこか。それもまさに朴正熙時代ではなかったか。

あえていえば、北の脅威にもかかわらず平和を守ってきたのは「民主化」を看板にした文在寅勢力のような左翼・革新勢力ではなく、「経済と安保」を看板にした保守政権であり、それを支援し続けた日米など自由陣営だった。

文在寅政権が、重武装・軍事独裁の北との対話、交渉に安心（?）して臨むことができたのは結局、朴正熙時代と保守勢力による「経済と安保」の成果のお陰なのだ。文政権が自らの成果のように声高に語る平和論は、歴史的に見れば「平和タダ乗り」である。ここでも文在寅は歴史（過去）に謙虚でなければならない。

政権の命運がかかった総選挙

文在寅政権は任期半ばの2019年から20年にかけ、大きな試練に見舞われた。一つはすでに紹介したが、2019年夏から秋にかけての「曺国スキャンダル」である。これは「公正、平等、正義」を看板に掲げた政権の存在意義を揺るがすもので、保守勢力を中心にした野党勢力（民心）の大きな抵抗に遭遇した。

しかしこの危機は、世論への一歩後退という譲歩ポーズと日韓貿易問題にからむ猛烈な反日愛国キャンペーンで何とかしのぎ、民心をつなぎとめることができた。

二つ目は2020年に入ってからの新型コロナウイルス事態である。周知のようにこれで世界中が国家的危機に陥った。とくに震源地の中国に近接する韓国はいち早く感染拡大に見舞われ、国際的関心のなかで国を挙げて対応に追われた。

この突然の事態は文在寅政権にとって新たな、そして想定外の試練となった。しかもこの時期は文在寅にとっては政権の今後を左右する、政治的にきわめて重要な時期だった。政権の中間評価となる総選挙（4年ごとの国会議員選挙）を4月に控えていたからだ。この選挙で負ければ政権の求心力は急速に後退する。残り任期の2年はいわゆるレームダックとなって何もできなくなる。逆に勝てば自信をもって何でもやれるし、2年後の次の大統領選も文在寅勢力による政権延長という展望が開ける。

しかし〝コロナ以前〟の年初段階までは選挙情勢に不安があった。政権の中間評価という意味では悪材料が多かったのだ。

まず前年の「曺国スキャンダル」の余韻が残っていたうえに、新たな政権スキャンダルが急浮上していたからだ。

2018年の地方選の際、南部の工業都市である蔚山《ウルサン》市の市長選で、文大統領の長年の知己である〝お友達〟を、権力機関を使って政権ぐるみで不正当選させたという疑惑が持ち上がっていたのだ。日本政局における〝お友達〟問題の比ではない。

この件ではすでに大統領秘書官や地元警察署長など13人が起訴され、起訴状には権力による選挙介入の実態が詳細に暴露されていた。疑惑の焦点は大統領がそれを承知していたかどうかだが、検察捜査はそこを〝寸止め〟にし、政治状況への様子見になっていたのだ。

政権の選挙介入となると、問題は大統領に対する弾劾に発展しかねない。ちなみに弾劾で大統領の座を追われた朴槿恵の場合、総選挙の際、与党内の公認問題に介入したということさえ弾劾理由に挙げられている。今回の〝罪質〟はそれよりはるかに悪い。

もし4月の総選挙で政権与党が敗北し、野党が過半数を占めると弾劾への発展は必至だった。文在寅にとってはレームダックどころか、任期途中の辞任さえ迫られかねない。朴槿恵の二の舞いである。したがって総選挙には何が何でも勝たねばならない。政権の命運がかかっていた。

「あらゆる災難は人災である」

そこに突然、起きたのが〝コロナ事態〟だった。総選挙のおよそ2カ月前である。国家的な防疫態勢を迫られ、天災にも等しいこの超大型疫病事態に文政権はどう対処し、それは選挙にどのような影響を与えたか。

新型コロナウイルスの感染が韓国に持ち込まれた初期に、筆者はソウル発でこんなコラム記事を書いた。タイトルは「あらゆる災難は人災である」（2020年2月18日付、産経新聞コラム「緯度経度」）。

コラムのリード部分はこうなっていた。

「韓国は今のところ新型コロナウイルスの封じ込めに成功している。ビジネスや観光旅行、出稼ぎ中国人（朝鮮族）、留学生など中国との往来、接触が日本よりはるかに多い韓国だから、よくやっているといっていい。……」

後は韓国が先年、死者多数を出した「マーズ（MERS）感染」の教訓から、いち早く官民挙げて防疫態勢を取っているとし、マスクや手洗い、検査、隔離の徹底など、予防策を大々的にキャンペーンしている様子を詳しく紹介した。

そのうえで文在寅政権は、総選挙を控えている政治的切実感もあって、ことのほか対策に力を入れていると書いた。

そして韓国では伝統的に「あらゆる災難は人災」であり「人災の最たる原因は政治」とする発想がある。その結果、たとえば朴槿恵大統領は旅客船「セウォル号」沈没事故という大型惨事が没落の一因になった。大災難では「王様（指導者）の徳」が問われることがよくあるので、指導者は心しなければならない……。

これは人ごとではなく、日本でも民主党政権の没落は東日本大震災がきっかけになったのではなかったか。そこで「ここは安倍晋三首相も文政権に学ばなければならない」がオチになっていた。

この記事は早速、韓国メディアに転載された。韓国がコロナ対策でよくやっていると評価したことが歓迎されたのだが、それ以上に「安倍首相も文政権に学べ」と書いたところが関心を引いたらしい。

とくにテレビなど政権へのヨイショが目立つメディアにとっては、外国メディアも文政権を評価しているということで歓迎となった。それに日ごろ文政権に手厳しい〝極右サンケイ〟が文政権を誉《ほ》めたということも関心の要素になっていた。

筆者としては文政権の評価ということよりも、コロナ防疫対策に関する日本へのメッセージのつもりだった。しかも産経新聞の論調はともかく、個人的には日ごろ韓国事情では〝是是非非〟の立場なので「サンケイが誉めた」というあたりはいささか嫌味だったが。

ただ、コロナがらみで国内政治上の効果を期待していた文政権下のメディアにとっては、都合のいい報道ではあった。

コロナ自讃への急転換

しかしこの報道が出た直後から、韓国では感染者が急増し「よくやっている」の評価も吹っ飛んでしまった。むしろ初期対応に手抜かりがあったのではないかと、政府批判が起きた。

文大統領自身、「過度な不安は持たなくていい」といったと思ったら「やり過ぎると思われるほど強力な措置を取るべし」「事態長期化という最悪の状況に備えるべし」といい、また別の場面では「国民は心配し過ぎなくてもいい」と語るなど状況判断にブレが目立った。感染者数百人の段階で「遠からず収束するだろう」などと述べたこともあった。

こうした判断のブレがあっては状況への指導力が問われる。なかでも大量感染の感染ルートが中国往来者だったにもかかわらず、中国との往来制限に踏み切らなかったことが世論の批判を浴びた。文大統領は逆に中国に対しては「中国の困難はわれわれの困難」と温かい配慮のメッセージさえ送っている。

ところが日本政府が韓国と中国について渡航制限を発表（3月5日）したとたん、それがまるで韓国に対する差別措置かのように韓国政府は怒った。日本を激しく非難し、反日ムードを盛り上げようとした。中国政府は何もいわないのに。また反日で世論工作に乗り出したか？

この時点では感染者数は世界中で中国がトップ、韓国が2番目だった。

しかし文政権の〝発作的〟な反日論に乗ったメディアの日本非難は瞬間的だった。すでに中国を含め世界の100カ国が韓国からの入国制限を実施しているのに、日本だけに激しく抗議し、直ちに報復的に日本人に対する入国制限を発表するのはおかしいのではないかというわけだ。

とくに世論からは「中国には何もいえないくせに日本にだけは威張っている」（韓国各紙）と皮肉られてもいる。状況不利でまた反日カードか、というわけだ。

このあたりまでは文政権はコロナ事態に押されている。事態をうまくコントロールできていなかった。政権の対応について世論の評価は高くなかった。むしろ身近な問題としてマスク不足が深刻だったこともあって、政府の対応には批判の声が強かった。

ところがその後、状況は反転する。韓国の感染者増加の勢いが鈍るとともに、これとは対照的に欧米での感染者が爆発的に増えはじめたからだ。韓国は3月11日をピークに感染者増加が抑えられ始め、4月1日には感染者数は世界14位まで後退した。そしてこれに歩調を合わせるように〝コロナ自慢〟が始まった。時期的には総選挙の投票が4月15日だったから、おおよそ1カ月前の局面転換である。

防疫当局者からは「感染者数が多いのはわが国の検査システムが優秀だから」とか「わが国の対応は他の国の模範であり世界的な標準になるだろう」といった発言が相次ぎ、大統領官邸からは「フランスのマクロン大統領が韓国の防疫方式を学びたいと語っている」といったうれしい〝情報〟も伝えられている（3月13日）。

そして韓国の防疫態勢とその成果を世界が称賛しているという報道がメディアにあふれはじめ、ウイルス検査（ＰＣＲ）のため韓国製の〝検査キット〟の輸入希望が、米国をはじめ各国から寄せられているとのニュースも華々しく伝えられた。

さらには「韓国の医療競争力は世界最高」といった論評が現われ「Ｋ防疫」という言葉まで登場するようになった。音楽の「Ｋポップ」やコスメの「Ｋビューティ」と同じで、韓国式のコロナ防疫態勢は世界で大人気というわけだ。韓国では近年、一種の〝お国自慢〟でなんでも「Ｋ」の字をつけたがる。

「国格を高めた〝Ｋ防疫〟」と題する新聞の特集記事では「韓国に劣る先進国の医療」が解説されていた（これは総選挙後の5月2―3日付、中央日報）。

もっと興味深いのは、韓国のコロナ防疫の成果から文明論まで論じられるに至ったのだ。「西洋優越主義の終焉《しゅうえん》？」（4月3日付、中央日報）「西洋優越主義が崩れつつある」（4月11日付、東亜日報）がそうだ。欧米はコロナ爆発を防げなかったが韓国は防げた。だからこれからは医療・防疫は韓国スタイルになる。これは西洋優越主義という文明の転換につながる文明史的成果――というわけだ。

こうした〝コロナ自慢〟は非常事態である国難ムードから一転しての国威発揚ムードである。韓国のコロナ事態は途中から誇るべき国威発揚の成果になったのだ。これを別の言葉でいえば「韓国はよくやっている」「わが国は素晴らしい」という自画自賛である。これが投票日まで続いた。

そして、その「よくやっている」をもたらしたのは結局、文在寅政権ではないかという印象を国民に与えることに、文政権は成功した。メディアもその印象に世論を誘導した。文在寅にとってはコロナ事態の政治的大逆転である。

これは想像（邪推？）だが、おそらく文政権はどこかの時点で「コロナ事態を逆手に取る」という、つまり危機（マイナス）を機会（プラス）に変えるという政治工作を構想したに違いない。そして〝コロナ政治学〟に的確に取り組んだのである。

総選挙の結果は予想通りなのか、予想外だったのか、政権与党の圧勝に終わった。国難キャンペーンと「世界が韓国を称賛！」をＰＲする与党に、野党はなすすべもなかった。文在寅は見事に生き延びた。

コロナ国難を救った朴正煕の遺産

この章は「積弊」と朴正煕時代の話から書き始めた。いわば朴正煕vs文在寅の歴史的因果に触れ、権力の座にある文在寅に対しおこがましくも「歴史に謙虚であるべき」と説教を垂れた。このことは〝コロナ政治学〟でも同じことがいえると思う。結論を先に書けば、文在寅はコロナ事態でも「朴正熙に助けられた」のである。

選挙前だったが、韓国のメディアにこんな論評が出ていた。「コロナ防疫―朴正熙の遺産を発見」と題するものだ（4月6日付、中央日報コラム）。

見出しには「韓国の市民・防疫システムに世界が賛辞」「医療保険をはじめた朴正熙の功績認定すべき」「相手無視の政治論は民主主義では不可」「〝保守の正しさ〟も受容すべき」とある。〝コロナ自慢〟の一環ではあるが、コロナ事態にかこつけ、これまで「積弊清算」ばかりいって保守勢力の否定に血眼の文政権を批判している。選挙前の政治論評である。

そのなかでコロナ防疫成功の背景の一つとして、国民医療保険体制のことに触れている。そのルーツは朴正熙時代の1977年に導入された「勤労者社会医療保険」だという。当時、政府内部の反対を押し切って導入を決断した朴正熙を、19世紀のドイツ帝国宰相ビスマルクの「福祉は安保」という考えに従ったものだとして高く評価しているのだ。

論評によると文在寅政権は、朴正熙を民主主義を抑圧したことや娘・朴槿恵の没落で不名誉な存在にしているが、功績は認めるべきだという。そして「文政権は保守・朴正熙の助けをしっかり受けている」と書いている。

文在寅政権下の韓国の時流のなかでは異例の発想だが、まったく同感である。先に引用した筆者のコラム「あらゆる災難は人災である」も実はそのことがいいたかったのだ。先のコラムにはこんな部分がある。

「政府当局者は担当大臣をはじめみんな黄色の防災ジャンパー姿で登場するのでどこか非常時ムードだ。韓国では以前、北朝鮮の再侵略に対し警戒が強かったころ、官民一体の似たような挙国ムードがよくあったが、久しぶりの感じである。……」

そのうえで軍経歴のある識者の「防疫は軍事作戦と同じで戦力の大量投入による速戦即決で封じ込めるべし。日本は兵力の小出しみたいな対応だから失敗している」という声も紹介した。

つまり韓国における効率的なコロナ封じ込め対策の背景には、社会的統制力や国民の同調意識の強さとか、短期間に世の中が一瀉千里《いっしゃせんり》で動くことなど、的確な指示・統制による効率性がうかがわれる。となるとみんなもう不満や文句などいっておられない。末端行政組織やメディアの動員やキャンペーンもすごい。あっという間に国民のすべてがマスクをする。

感染防止の住民管理やマスク配布などに不可欠な、全国民の指紋つきナンバーカード「住民登録証」は朴正熙時代の対北安保対策の産物である。全国隅々までいきわたった「国民守則」など、国中に氾濫《はんらん》した防疫標語も朴正熙時代のデジャビュである。防疫最前線には軍の「看護士官学校生」も投入された。野戦病院風のテント村も各所にすぐできた……。

こうした風景は、朴正熙時代に培われた対北朝鮮有事・安保意識のＤＮＡが生きているせいではないのか。国難にも等しいコロナ事態は実は「コロナ戦争」だった。だから文在寅は対北有事対応に全力をあげた「朴正熙に助けられた」のである。したがって文在寅政権は、過去（歴史）否定ばかりではなく過去に感謝もし、そして過去に謙虚にならなければならない。何といっても総選挙で勝たせてもらったのだから。

第十章

ぜいたくな貧困

——映画『パラサイト』をめぐる大誤解

挙国的な歓喜と国際的絶賛

韓国映画『パラサイト　半地下の家族』の米アカデミー賞受賞（2020年2月）は韓国にとって挙国的な喜びとなった。前年すでにカンヌ国際映画祭で最高賞（パルムドール）を受賞して盛り上がっていたが、さらに米国を舞台にした念願の快挙とあって歓喜は極に達した。

韓国映画はこれまでいくつかの国際映画賞を受賞している。そのつど世論は沸いているが、アカデミー賞は世界映画界のいわば〝華〟であるため、今回の受賞はことのほか華々しい。しかも作品賞や脚本賞など4冠を席捲《せっけん》した。韓国としてはもちろん初めてのことだが、とくに作品賞は非英語圏では初めての受賞だという。文字通り「世界に冠たる韓国」である。

受賞をめぐる韓国内の喜びと興奮は、ひょっとして2002年のサッカー・ワールドカップ（日韓共同開催）の際のそれに匹敵するものだったかもしれない。

W杯サッカーで韓国は、日本を尻目《しりめ》に準決勝まで勝ち上り4位となって沸きに沸いた。世論は「わが民族の底力を世界に見せつけた！」と自信感にあふれ、その勢いで大統領以下、政府は本気になって「経済も世界の4強へ！」などと決意を語ったものだ。今回は「韓国文化が世界を制覇！」である。

もっとも映画『パラサイト』による韓国社会の挙国的な歓喜は、直後に広がった中国発の新型コロナウイルスによる〝国難〟に遭遇し、吹き飛んでしまった。『パラサイト』にとってはまことに不幸な事態となったが、考えようによってはアカデミー賞の興奮が沈静化することで、映画に対する冷静な批評が可能になったといえるかもしれない。

したがって本稿で書こうとしているのは、映画『パラサイト』が韓国人の愛国心を限りなく満足させ、ナショナリズムをこの上なく高揚させたという、韓国をめぐるいつもの（？）話ではない。内外で絶賛に包まれ、好評ばかりのなかで見過ごされた「大いなる誤解」を指摘しようと思うのだ。これは長年の韓国ウオッチャーである筆者の韓国論にかかわる。韓国論、韓国人論を語るにはストーリーの詳細が必要なため、以下で映画の中身をあえてかなり紹介する結果になっている。映画評的にはいささかまずいが読者の了解を願いたい。

あの映画はたしかに面白い。荒唐無《む》稽《けい》なものすごく凝ったストーリーで、ドキドキハラハラの展開は観客を飽きさせない。文字通りドラマチックな映画である。映画の作りも仕掛けも手が込んでいて、力が入っている。これ自体、近年の韓国映画の元気さの背景を物語っているのだが、いずれにしろ映画は面白くなければ成功しない。

それはたとえば、『パラサイト』より1年前にやはりカンヌ国際映画祭で最高賞を受賞した日本の『万引き家族』と比べてみれば分かる。このタイトルにならっていえば、『パラサイト』の主人公たちはさしずめ「詐欺団家族」である。事実、映画のなかでそういわせている。

『万引き家族』の一家も貧しさで身を寄せ合った「偽家族」だった。つまり双方とも主人公たちは一種の〝犯罪集団〟であり、社会的には〝日陰〟の存在だった。

しかし日本の『万引き家族』は静かな佳品（芸術的？）という感じで、娯楽的な意味では必ずしも楽しめる映画ではなかった。これに比べると『パラサイト』はドタバタ調もこれありではるかに楽しめる。たとえば二つの映画とも重要人物がクライマックスで死ぬが、日本の方は樹木希林《きききりん》演じる老女の静かな病死なのに対し、韓国の方は家族パーティの場での派手な集団殺人劇である。

つまり映画としての『パラサイト』は『万引き家族』に比べると明らかに激しく、エンタテインメントとして成功したのである。

ところが内外であふれた批評のほとんどは「韓国社会の貧困と格差を描いた」という深刻なメッセージ、つまり社会性を強調していた。その結果、映画は完全なフィクション（虚構）であるにもかかわらず、まるで韓国の現実風景そのものであるかのような誤解、思い込みが内外で広がった。

韓国ウオッチャーとしてこのズレが気になったため、ガラになく映画批評を試みる気になったしだいである。

とくに日本では近年、反韓・嫌韓感情の高まりのなか、韓国の否定的現状に対する関心が高い。それは政治、経済、外交、歴史問題からさまざまな社会現象にまで及んでいる。いわゆる反韓・嫌韓本にはそれが満載されている。

つまり日本ではこのところいわば「否定的な韓国」ブームなのだ。その結果、あの映画に対する批評も、そのエンタメ的な面白さよりもっぱら「韓国社会の否定的側面」という社会的メッセージ性に関心が向いたようにみえる。

たとえばその典型の一つを紹介すれば、アカデミー賞受賞のニュースを受けた日本の新聞の社説（！）には「心蝕《むしば》む格差と向き合う」と題し次のような評が出ていた（毎日新聞、2020年2月11日付）。

「（映画は）世界を蝕む格差社会の醜さと残酷性を容赦なく映像化した記念碑的作品だ。（中略）ポン・ジュノ監督が紡ぎ出した底知れぬ奥行きは、財閥による富の寡占など韓国特有の問題だけでなく、世界が抱える格差が放つ『腐臭』を残酷なまでに抽出している。（中略）ポン監督も貧富という普遍的で避けて通れないテーマに向き合った。それは監督自身が、社会に向けて作品を訴え続ける映画芸術家としての責務ととらえたからではないか」

ついでに、孫引きになるが韓国のメディアに紹介された米ニューヨークタイムズの評もやはり「半地下と大邸宅は現代社会を暗示的に表現する場所として、どこでも繰り広げられる階級闘争にかかわる教訓を伝えている」と社会性に焦点をあてている。

いずれも格調高い称賛の評ではあるが、映画の面白さとはどこかズレを感じる。

ここで日本の新聞社説について余談的に言えば、この論調はいわゆる反韓・嫌韓論では決してない。いや映画を絶賛するとともに韓国映画の実力を高く評価しているのだから逆だろう。

わざわざ社説で好意的に取り上げるという異例ぶりからして、むしろ親韓論である。「韓国だって実はすごいんだよ」といって反韓・嫌韓世論をいさめようという意図がうかがえる。したがって裏読みすればこの社説の絶賛評には「あえて韓国ヨイショ」といういささか嫌味なところが垣間《かいま》見《み》えるのだが、ただ近年の韓国映画のガンバリそのものは事実である。したがって映画をめぐる韓国ボメが必ずしも間違っているというわけではない。

ところが社説がもっぱら「貧困と格差」という社会性に注目したように、人びとの関心も「韓国の現実」としてあの映画をとらえてしまった。これは社説の意図とは結果的には逆であって、反韓・嫌韓ムードの再確認である。

半地下風景の虚構

この映画をめぐっては、ソウルにいる筆者のところにも日本のいくつかのメディアから問い合わせがあった。ところがそのほとんどが、映画に描かれた「韓国的な貧困と格差」を物語る風景を取材したいという。端的にいえば日本語版の副題になっている「半地下の家族」の現場を探りたいというのだ。

映画では貧富格差の象徴的風景として「半地下住宅と坂の上の芝生のある豪邸」が物語の舞台になっている。そこで関心の的は脇役の「豪邸」ではなく主人公の「半地下住宅」になったのだが、そうした「貧困の現場」についての批判の意味を含め、まず「韓国における貧困」のことについて書いておきたい。

映画は、半地下住宅に住む失業者の家族4人が、坂の上の豪邸に住む米国帰りの若手IT企業経営者の金持ち家族をだまし、その家庭に入り込む話だ。では半地下住まいの「家族詐欺団」の犯行の動機になっている貧困とは？

まず話題集中の半地下住居についてだが、あの映画の住居風景は必ずしも貧困を物語っていない。

韓国で普通、半地下部屋といえば、独り暮らしか夫婦二人のいわば間借りのような狭い空間である。映画をよく見てほしい。あの半地下には成人男女4人が住んでいて、台所や娘・息子部屋、夫婦部屋など部屋数が多く、大きい。もちろんそんな半地下住居もなくはないが、貧困家庭にしてはあの生活空間は広すぎる。

あれは映画のセットとして作られたものだという。大雨による驚きの浸水風景も迫力満点で映像的には貧困のシンボルになっているが、現実的にはぜいたくな半地下生活、つまり「ぜいたくな貧困」なのだ。

現在の韓国で住居的貧困のシンボルといえば、むしろビルの屋上のバラック「オクタプパン（屋塔房）」や地上のビニールハウス、独り暮らし老人のワンルーム長屋的な「チョックパンチョン」、出稼ぎ外国人の一人部屋、それに国家公務員試験（考試）受験のための1坪部屋みたいなミニ・ワンルームの「コシ（考試）テル」などがそうだろう。

とくに「コシテル」などというのは、若者たちが日夜そんなところに籠《こも》りながら高級公務員になるという人生の上昇を目指す悲壮さと深刻さの舞台として、実に韓国的だ。

それから、映画であの〝貧困一家〟がゴロゴロしながら、一家でピザの箱を組み立てる内職をしているのがよく分からない。

一家4人は後に金持ち家族をだまし、父親は運転上手のお抱え運転手に、母親は料理上手のお手伝いさんに、息子は英語・娘は美術の家庭教師に化けてそれぞれ入り込み、すっかり信用される。

しかし4人ともあれだけ仕事ができる〝実力〟があれば、生活には困らないはずだ。半地下住宅でゴロゴロせず、その気にさえなれば「詐欺」をしなくても稼げる働き口は韓国にはいくらでもある。

「寄生虫」は貧しくない

息子は軍隊（徴兵）生活をはさんで前後4回の大学入試に挑戦し、英語はできたものの失敗したという。これも普通なら「もう大学はあきらめて働いたらどう？」だろう。娘も美術大学を目指しながら遊んでいる。こんなぜいたく（？）は貧困ではありえない。日本の『万引き家族』では、偽家族の若い女は夜のお勤めをしていた。韓国でも稼ぎのいい夜のお勤めはたくさんある。

父親は、脱サラ男にとってお手軽ビジネスのフライドチキン店をやって失敗したというが、詐欺で入り込んだ金持ち宅の社長からは運転上手を誉《ほ》められてもいる。

つまり『パラサイト』の一家は決して暮らしに切羽詰っているわけではない。本当に暮らしに困り、生活としての貧困を脱出したければ、成人男女4人が映画のように日がなゴロゴロせず、働きに出ればいいのである。したがってあれは「気楽な貧困家族」である。つまりぜいたくな半地下空間を含め、映画の主人公たちの貧困とは実は「ぜいたくな貧困」なのだ。

日本では韓国の現状批判としてよく若年失業率の高さが語られる。「大学を出たけれど人生の展望がない」といって「ヘルチョソン（地獄朝鮮）」なる新造語まで紹介されている。これも実態は「ぜいたくな地獄」であって、仕事つまり働き口がないのではない。「給料がよく、楽に稼げて休みも十分あり、社会的に見栄えのいい職場」がなかなか見つからないということにすぎない。

韓国では100万人を超える外国人労働者が日夜、韓国人のやりたがらない仕事に汗水流している。

映画批評に経済的統計の引用など無粋かつ野暮そのものだが、「韓国の貧困」に関心の向きに2点だけ紹介しておく。国際的にその社会の所得による貧富格差を1と0の間で表す数字に「ジニ係数」というのがある。ゼロに近いほど格差がすくない平等社会で、1に近ければ格差が大きいということになる。

このジニ係数を世界の中堅国家であるOECD加盟国で比べると、この数年、日韓とも中位圏に属するが、韓国は日本よりゼロに近いのだ。つまり韓国は日本より経済的には貧富の格差は少ないのだ。

ついでにもう一つ、2019年の韓国の所得統計によると全体の58％が「中位所得層」となっている。後で詳しく触れるが韓国における「貧困と格差」感は、韓国人の人生観や人間観によるある種、特異なところがあって、われわれの感覚とはいささか異なる。

ところで映画の韓国語の原題は『寄生虫』である。（パラサイトはその英語訳だが）この言葉は韓国語でも決していいイメージではない。むしろいやらしく否定的な単語である。ある状況や人物などにその言葉を使えば、それは明らかに「さげすみ」ないし差別ということになる。

したがって映画は「寄生虫」と題することで、主人公たちの気楽な半地下一家を否定的な存在とし、その韓国的な「ぜいたくな貧困」を批判ないし皮肉っているとみた方がいいのだ。寄生虫はいやらしいけれど貧しい存在ではないのだから。

奇抜で秀逸な詐欺ドラマ

映画は一家4人が総がかりで金持ち家族をだまし、その家庭に入り込む手練手管が実に面白く、楽しめる。あの奇抜なだましの手口（シナリオ）は非現実的でありえないものだが、アイディアとしては秀逸である。

息子は、金持ち宅で家庭教師をしていた友人に紹介され、浪人中の身分を隠し学歴を偽って友人の後釜《あとがま》として長女の英語家庭教師になる。娘もやはり学歴を偽って絵が好きな幼い長男の新しい美術家庭教師になるが、このあたりは想像の範囲内だ。

ところが父親が自家用運転手として入り込むには、現職のお抱え運転手を追い出さなければばならない。そこで娘が悪知恵を働かせる。彼女は金持ち宅での家庭教師が終わった後、自家用車で送ってもらう際、自分がはいていたパンティを脱いで車の中に放置する。翌日、車に乗った金持ち宅の主人がそれを発見し、運転手の男女関係の〝不始末〟と疑ってクビにする。

そして何食わぬ顔の娘が、父親を知り合いの誠実なベテラン運転手として紹介し、父親はまんまと後釜に入り込む。

次は残る母親の番だ。これはお抱え運転手になった父親が〝謀略〟をめぐらす。金持ち宅の住み込み家政婦を追い出し、その後釜に押し込むのだが。その手口が凝りに凝っている。家政婦が果物の「桃皮アレルギー」であることを娘から聞き出し、桃の皮から削り取った粉(毛)を家政婦にそれとなくふりまき、激しいセキを誘発させ、結核患者に仕立てる。それを金持ち宅の奥さんに通報、まんまと追い出しに成功するのだ。

こうして一家4人全員は金持ち宅に入り込み、金持ち家族の留守に際しては〝豪邸借り切り〟で全員が飲んだり食ったりのどんちゃん騒ぎでふざけあったりする。

ここまでが映画の前半だが、後半は金持ち宅の地下室に実は先住民のような別の「寄生虫」がいたというドンデン返しのような展開になり、2組の「寄生虫」による暗闘が展開される。

「先住の寄生虫」というのは、半地下一家によって金持ち宅から追い出された先任のベテラン家政婦が、実は金持ち邸宅の地下室に借金取りに追われていた夫をかくまっていたのだ。それが新しく入り込んだ半地下一家にバレ、双方入り乱れての大立ち回りとなる。旧家政婦は頭を打って死に、夫はまた地下室に封じ込まれる。

そして金持ち宅では子どもの誕生日に華やかなガーデンパーティが行われるが、そこに地下室を脱出した旧家政婦の夫が刃物を持って現われる。彼は半地下家族を殺傷した後、自分も殺されるという、殺し殺されの大修羅場となる。

その際、金持ち宅の社長も、殺された地下室男の体に対し「くさい！」とつぶやいたため、その言葉に怒った自家用運転手（半地下一家の父親）に刺し殺される。半地下一家に対し金持ち宅の家族が日ごろ「くさい」とつぶやいていたことへの報復というわけだ。

映画ではこの「におい」が貧富格差のシンボルとして使われている。その意図は分からないでもないが、殺し殺されの大修羅場で突然「におい」が殺意の動機になるというのは唐突だ。これもリアリズムではありえないが、映画としては面白い。

このように映画の展開は2匹目の「寄生虫」が登場したあたりからいっそう現実離れするが、話の細部にこだわらなければヒヤヒヤ、ドキドキで飽きさせない。で、クライマックス的な流血の大惨事で終わりかと思いきや、まだ続く。映画は2時間を超す大作（？）なのだ。

事件の際、半地下一家のなかで社長を殺した父親は現場から逃走し、人知れずひそかに金持ち宅の地下室に潜り込む。その後、母親と息子は裁判にかけられる。釈放された息子はある日、現場近くをたずね、父親が地下室に隠れ住んでいることを知る。

常識的にいえば、ものすごい殺人事件の現場になった金持ち宅は当然、捜査当局による徹底した現場検証の対象になるはずだ。事件の真相と密接に関係する地下室が見過ごされるはずはないのだが、そこらあたりもこだわってはいけない。あくまでエンタテインメント映画なのだ。

ラストで息子は過ぎた過去の出来事を振り返り反省する。流血の惨劇で終わったその〝詐欺ドラマ〟は彼が金持ち宅をだまし家庭教師として入り込んだことから始まったのだから。そして息子は「もう大学進学はあきらめ、ひたすら金を稼いで金持ち宅を買い取り、父親を地上に救出して一緒に住みたい」と静かに夢を語る。

結局、この一転した静かなラストシーンで「寄生虫」は全滅したことになる。

したがってよく考えれば、映画は貧者に寄り添い富める者を糾弾するという「貧困と格差」の告発映画では必ずしもない。むしろ〝パラサイト批判〟の映画といった方が当たりなのだ。最後の半地下一家の息子の一人語りは「寄生虫」脱出論であり、格差現実への妥協である。

「金持ちだからいい人なんだよ」

それに半地下家族の「貧困」に対比され攻撃（詐欺）のターゲットになった坂の上の「富裕」家族は、映画ではすこぶる付きの善人に描かれている。彼らは酷《ひど》いこと悪いことをして金持ちになったわけでもなく、日常の韓国メディアがよく財閥家族など富裕層や権力層の横暴として非難、糾弾、告発ニュースに仕立てる「カプ（甲）チル」をやっているわけでもない。

ちなみに「カプチル」とは「甲乙丙丁……」の順番のトップの「甲」からきた近年の新造語である。上の者が下の者に対して行う横暴、横柄、差別的言動などを批判、皮肉る言葉だ。近ごろ韓国での流行語の一つで、いわゆる民主化韓国の象徴でもある。

たとえば日本でも「ナッツ姫事件」として面白おかしく話題にされた、大韓航空（KAL）を所有する財閥「韓進《ハンジン》」グループのオーナー家族の振る舞いなどがそれにあたる。経営幹部になっていたオーナーの娘が、KALの機内サービスで「ナッツ」の出し方が悪いといって荒れ狂い、離陸しかけの飛行機まで引き返させたこととか、やはり経営幹部の母親が日常的に乱暴な言動で部下たちをひどく傷つけていたとか……。

とくに財閥がらみではお抱え運転手に対する差別的横暴がよく「カプチル」としてマスコ

ミをにぎわす。

「ナッツ姫事件」など、航空会社の経営者の一員が機内サービスのあり方をめぐって社員をこっぴどく叱咤《しった》し、もめたという話だから、見方によっては単なる社内問題だろう。それが今の韓国では内部告発で刑事事件にまでなる。そしてマスコミはそれを「カプチル」として格差社会の象徴に仕立てて社会問題にする。


そんな現実のなかで『パラサイト』に登場する金持ち一家は「カプチル」はおろか、悪い人たちではまったくない。夫婦をはじめみんな優しく善良な人たちなのだ。そこで映画ではこんなシーンがある。

半地下家族の会話のなかで誰かが「金持ちなのにみんな善良でいい人たちなんだよなあ」という。これに対し父親は「金持ちなのにじゃなくて、金持ちだからいい人たちなんだよ」という。これなどなかなか気の利いたセリフである。

つまり「金持ちは生活に余裕があるから心にも余裕が生まれいい人になれるが、貧乏人は生活に余裕がないからいい人になれない」という話だ。

これは真実の一面をついているが、一方では半地下一家の詐欺劇（犯罪?）への言い訳であり、居直りでもある。韓国では日常的に犯罪など不法、違法行為に対しそれをやらかした人びとが「われわれだって食って生きていかねばならないんだ！」とよくいう。そんな悪いことなど何もしていない金持ち一家の社長が、なぜ殺されなければならなかったのか？

すでに指摘したようにその理由はただ一つ「におい」である。殺人劇の修羅場での「くさい！」というつぶやきがそれだ。このつぶやきは他の場面でも金持ち家族が発するところがあるが、それは半地下一家に直接ぶつける「カプチル」ではない。

殺人現場でも半地下家族の父親に直接いったわけではない。すべて「何かにおうねえ……」というつぶやきなのだ。

映画は「におい」で貧富格差というか貧者差別を象徴しようとしているわけだが、これもいささか無理な話ではないか。他人の家庭に雇われ「くさい」といわれたのであれば、そういわれないよう身つくろいするのが普通だろう。

映画はそれを恨んで殺人の動機にしている。これじゃ日本で韓国に関しよくいわれる「自分のことはタナに上げ何でも他人のせいにする」という反韓・嫌韓感情にガッテンとなるではないか。

実は「くさい」は貧困と格差の問題というより、韓国人がことのほか重視しこだわる、現状に甘んじないという心理を意味する「自尊心」の問題なのだ。後でもまた触れることになる。

不愉快だが面白い反権力風エンタメ

あの映画は、面白いけれど後味がよくない。とくにクライマックスの刃物による殺し合いの修羅場がよくない。正直いって映画を韓国で封切り直後に観たときの第一印象は「実に不愉快な映画だなあ」だった。似たような感想は周囲の韓国人からも複数耳にした。その後、2回、3回観るうちに手の込んだ凝った荒唐無稽さが面白くなった。だから不愉快だが面白い？

その意味では、米国でのアカデミー賞には「ん？」という感じが残る。そこをあえて深読みすれば、クライマックスの後味悪い流血惨劇にもかかわらず、最後がある種のハッピーエンド（貧富の手打ち、和解？）になっていたことで安心した結果かもしれない。あっちに気を遣いこっちに気を遣い、ポン監督流の商売上手なしたたかさである。

ポン監督には先に『グエムル　漢江の怪物』という一種の怪獣映画がある。これも面白い映画だったが、韓国ではヒットしたものの日本では話題にならなかった。

ソウルを流れる漢江に怪獣が現われ、中州のヨイド公園で屋台をやっていた家族の娘がさらわれる。その娘を取り戻すため家族ぐるみで怪獣と戦う、という話だった。

この映画でも、怪獣は米軍基地から流出した不法廃棄の毒物によって生まれたという想定だった。怪獣映画の草分けである日本映画『ゴジラ』は太平洋での米国による核実験で生まれたことになっていた。明らかに『ゴジラ』からの発想のいただきだが、韓国では当時、米軍基地の廃棄物問題をめぐって反米ムードがあった。

こうした反米問題に加え、映画には怪獣退治に際し警察・軍隊など政府が頼りにならない存在として描かれ、家族自らが娘の救出にあたるという政治的メッセージというか〝社会性〟がちりばめられていた。

そして家族が怪獣と戦う時の武器が、火炎ビンやアーチェリー（洋弓）なのだ。火炎ビンは反政府（左翼）学生運動や急進派労働運動の反権力のシンボルである。アーチェリーは韓国スポーツ界の金メダル・ボックスになっていて、オリンピックをはじめ国際スポーツ大会ではいつも愛国心を満足させてくれる。

『グエムル』は「怪獣」と「家族愛」というエンタメ性で人気を博したのだが、批評家たちは肩に力を入れ、反米・反政府・反権力モノに見たがっていたように記憶する。

こうした〝社会性〟のちりばめ方はポン監督お得意の手口のようだ。それも左に気を遣い右にも気を遣い、エンタメ映画として実にサービス精神に富んでいる。ポン監督は日ごろ、カンヌ映画祭や米アカデミー賞の受賞作品を精力的に研究していたことで知られる。どう作れば賞を取れるか、いかに面白がらせるか、ツボをよく心得ているのだ。

そして『パラサイト』の製作会社は財閥系の「ＣＪエンタテインメント」だが、その潤沢な資金による周到な受賞工作も話題になった。

『パラサイト』にもどれば、大衆的に分かりやすく、かつ批評家受けのする「貧富の格差とその対立・葛藤《かっとう》」という図式（社会性）を装いながら、面白おかしい作り話を、ブラックユーモア風にドラマチックに語って見せたエンタメ映画、というのがまっとうな評ではないだろうか。本章冒頭に紹介した日本の新聞社説のような深刻な「貧困と格差」の映画では決してない。だから１０００万人を超す韓国人自身が、どこか不愉快に思いながらも大いに面白がって観たのである。

「貧困と格差」の真相

最後に余談めくが、映画『パラサイト』で内外みんなが注目した韓国における「貧困と格差」について、あらためてその真相（？）に触れておく。

韓国には「相対的剝奪感《はくだつ》」という言葉がある。政治やメディア、識者などの世界でよく登場する。以前はあまり聞かなかったが、これもやはり１９９０年代以降のいわゆる民主化によって一般化した。たとえば人びとが賃上げやストライキ、解雇、失業、倒産、低賃金など、経済にかかわる問題で不利益を被るような場面で、よくそれが登場する。

たとえば近年、差別的賃金で何かと話題になるいわゆる非正規職労働者など、典型的な「相対的剝奪感」の存在だ。

そのほか韓国社会の最大関心事である受験や入試、資格獲得などをはじめとする教育問題、あるいは各種の許認可で不利益を被る場合もそうだ。そうした場面で、声が大きく力のある者、特権層が役得や人脈などで甘い汁を吸うなど限られた者だけがいい思いをしたとなると、周りはそれに対し「相対的剝奪感　を感じさせられるといって批判、非難の声を上げる。

世の中を騒がせた「相対的剝奪感」の典型的な事例としては、先に紹介した朴槿恵政権没落のきっかけになった〝崔順実スキャンダル〟がある。娘を有名大学の梨花女子大に裏口入学させていた疑惑が暴露された時　メディアは一斉に「真面目な受験生や父母たちは〝相対的剝奪感〟にさいなまれ怒りに燃えている」と伝えた。朴槿恵はその「相対的剝奪感」で扇動（?）された反政府デモによって、大統領の座から追放された。

直近では、〝曺国スキャンダル〟でも「相対的剝奪感」が語られた。名門のソウル大教授で大統領側近だった曺国の娘の不正入学疑惑が持ち上がったからだ。

その入学疑惑は、同じくソウル人出身で大学教授だった夫人との二人三脚で、夫の名声をバックに正式の入試抜きで名門大学に押し込んだというものだった。これに受験生や父母をはじめ世論は「相対的剝奪感」で怒り心頭に発したのだ。

つまり「相対的剝奪感」とは、コトの当事者として自分が直接不利益を被ったわけではないのに、他人がいい思いをしている時に感じる何か損をしたような気分のことである。これは「自分の不幸は他人のせい」という心理につながる。実は日常的に韓国人の貧困いや貧困感にはこれが強いのだ。

映画『パラサイト』における半地下家族の「貧困」もこれである。彼らは坂の上の芝生の豪邸家族のせいで貧困になったわけではないから、豪邸家族に対する感情は「相対的剝奪感」ということになる。

この言葉はいささか難しい漢字語だが、より分かりやすく簡単にいえば「嫉妬《しっと》」「ねたみ」のことである。

韓国人の恨《ハン》の物語

筆者の長年の韓国体験からいえば、韓国人・韓国社会はいつも不満にあふれた嫉妬社会である。これは限りない上昇志向と競争意識につながり韓国社会の大いなる活力になっているのだが、一方では他人の足を引っ張る激烈な競争をもたらす。そして激しい競争や嫉妬のストレスから逃れるには「他人が悪い」「他人のお陰で自分は犠牲になり苦労している」と、コトを「他人のせい」にするのが一番楽なのだ。

繰り返せば、韓国人・韓国社会を語る時によく引用される言葉に「ハン（恨）」がある。これは他者に対する単なる恨み、つらみではない。正確にいえば「自分が本来あるべき姿になっていない現状に対する、やるせない気分」のことである。「あるべき姿」とは期待、希望、理想、夢……のことをいう。そしてそれが実現していない理由として「他者」を設定するのだ。

自尊心、相対的剝奪感、そしてハン（恨）……。韓国人はわれわれ日本人とは異なり何事につけ「自分が悪い」「自分のせい」という発想が弱いようにみえるが、それは「ハンの癒《いや》し」につながり、幸せ（？）の秘訣《ひけつ》になっているのだ。

不満も不幸もそしてそれをもたらす多くの災難を、みんな「自分のせい」にしていたのでは身が持たないではないか。

映画『パラサイト』はそうした「韓国人のハンの物語」といえるかも知れない。そして貧富格差の〝手打ち〟みたいに、「寄生虫」を全滅させたうえで次世代の息子に「自助の努力」を語らせているラストシーンは、そんな〝ハン〟にまみれた韓国人・韓国社会をたしなめているのだと思う。以上はあくまで『パラサイト』に対するごく個人的な楽しみ方である。

あとがき

日本では昨年（２０１９年）、年号でいえば30年続いた平成時代が終わり新しい令和時代がはじまった。30年というのは、時間的には一時代あるいは一世代ということになる。この「平成時代の30年」が結局、日韓関係に「最悪」をもたらしたことになるが、その最大の原因は慰安婦問題だったと思う。

本書では、日韓関係を30年にわたって揺さぶり続けてきたこの問題についてはほとんど触れなかった。これまでの著書（角川新書『韓国　反日感情の正体』収録の「壮大な虚構としての慰安婦問題」など）でそれなりに論じてきたためだ。

ところが２０２０年5月以降、韓国での突然の内部告発によって慰安婦問題は大きな転機を迎えている。これは日韓関係の今後にかかわることとして無視できない。最後にこの問題について簡単に触れておきたい。

内部告発というのは、これまで反日慰安婦運動の先頭に立たされてきた中心的な元慰安婦が、運動を主導してきた支援団体の中心活動家に対し寄付金の行方や運動のあり方などについて、疑問と非難の声を上げたのだ。

これまで韓国社会で慰安婦運動は最大の〝反日愛国運動〟として「聖域」化されてきた。批判はタブーに等しかった。それが当事者による金銭疑惑をはじめとする内部告発でタブーが一挙に崩れ、メディアは運動や組織に対する検証・批判に一斉に乗り出したのだ。韓国における慰安婦問題をめぐる社会的雰囲気の大きな変化である。

内部告発の核心は、端的にいって「運動および活動家たちは元慰安婦を〝売りモノ〟に自分たちの利益をはかってきた」というもので、運動にとっては存在理由を問われる決定的ともいえる批判である。告発はまた、日本大使館前の慰安婦少女像周辺での執拗な集会・デモは「憎悪」だけをもたらすもので止めるべきだといい、慰安婦を「性奴隷」と呼称することについても「汚らしくて恥ずかしい」と反対している。

内部告発は、支援運動が〝当事者（被害者＝元慰安婦）中心主義〟を看板にしながら当事者の意向を無視し、運動・組織維持のためのものになっていたと暴露したことになる。

これは2015年の日韓政府間合意に対し、当事者（元慰安婦）の70％以上が受け入れている事実を無視し「当事者が反対している」という〝虚構〟のもとで合意拒否や日本非難を繰り返してきた、運動団体や文在寅政権への批判にもなっている。

韓国における今回の内部告発は、慰安婦運動のある種の〝終焉〟を意味するものかもしれない。

これまで慰安婦問題を主導し内外で日本非難の反日運動を展開してきた「挺対協（挺身隊問題対策協議会）」は近年、「正義連（日本軍性奴隷制問題解決のための正義記憶連帯）」に改称している。「性奴隷」を拒否する元慰安婦の気持ちをよそに、運動上の効果（？）と運動の維持のために、その言葉を組織の正式名称にまで使っているのだ。

韓国の慰安婦運動は時間の経過とともに「日本軍性奴隷」という名の当事者が消えつつあるなか、国際女性人権運動を装った職業的な反日運動として、組織と運動を維持しようとしているようにみえる。長年、慰安婦運動を率いてきた女性活動家代表は、運動に見切りをつける（？）かのように２０２０年４月、国会議員に転進している。

しかし、そもそも自ら「正義」を看板にした運動などというのはゴーマンであり、日本人の感覚ではどこかうさんくさいところがある。誤解を恐れず、かつ日本側からの視点であえていえば、虚偽や誇張で無理を重ねてきた反日運動としての慰安婦問題はこれで「もう終わり」にすべきなのだ。

本書はコロナ事態で日韓間の往来が不自由になり、貨物や郵便事情もままならない中での異例の作業だった。日韓間でよくいわれてきた「近くて遠い」を今回、物理的に感じながら何とか出版にこぎつけた。いつも担当していただいている編集者の堀由紀子さんの我慢と努力のお陰である。伏して感謝します。

２０２０年７月　ソウルにて

黒田　勝弘

黒田勝弘（くろだ・かつひろ）

1941年、大阪生まれ。64年、京都大学経済学部を卒業後、共同通信社に入社。78年、韓国・延世大学留学後、共同通信ソウル支局長に。89～2011年、産経新聞ソウル支局長兼論説委員。1992年、ボーン・上田記念国際記者賞、2005年には菊池寛賞および日本記者クラブ賞を受賞。現在、産経新聞ソウル駐在客員論説委員。著書に『韓国 反日感情の正体』（角川新書）、『隣国への足跡　ソウル在住35年 日本人記者が追った日韓歴史事件簿』（角川書店）、『決定版どうしても〝日本離れ〟できない韓国』（文春新書）ほか多数。在韓40年。

反日《はんにち》 vs.《ブイエス》 反韓《はんかん》

対立激化《たいりつげきか》の深層《しんそう》

黒田勝弘《くろだかつひろ》

2020 年 8 月 10 日　初版発行
2020 年 10 月 5 日　再版発行

◇◇◇

発行者　青柳昌行
発　行　株式会社KADOKAWA
〒 102-8177　東京都千代田区富士見 2-13-3
電話　0570-002-301（ナビダイヤル）

装 丁 者　緒方修一（ラーフイン・ワークショップ）
ロゴデザイン　good design company
オビデザイン　Zapp!　白金正之
印 刷 所　株式会社暁印刷
製 本 所　株式会社ビルディング・ブックセンター

角川新書
© Katsuhiro Kuroda 2020 Printed in Japan　ISBN978-4-04-082369-0 C0231

KADOKAWAの新書 好評既刊

パワースピーチ入門
橋爪大三郎

新型コロナウィルス危機下、あらためて問われた「リーダーの指導力」。人びとを鼓舞する良いスピーチ、落胆させる駄目なスピーチの違いとは？　当代随一の社会学者が、世界と日本の事例を読み解き明らかにする、人の心を動かし導く言葉の技法。

帝国軍人
公文書、私文書、オーラルヒストリーからみる

戸高一成
大木　毅

大日本帝国陸海軍の将校・下士官兵は戦後に何を語り残したのか？　陸海軍の秘話が明かされる。そして、日本軍の文書改竄問題から、証言者なき時代にどう史資料と向き合うかに至るまで、直に証言を聞いてきた二人が語りつくす!!

昭和史七つの謎と七大事件
戦争、軍隊、官僚、そして日本人

保阪正康

昭和は、人類史の縮図である。戦争、敗戦、占領、独立。そして指導者、官僚、メディアの腐敗!!　五・一五に二・二六事件、太平洋戦争、60年安保闘争など、昭和史研究の第一人者が、歴史の転機となった戦争と事件を解き明かす!!

毒
サリン、VX、生物兵器

アンソニー・トゥー

今の日本では、生物兵器に耐えられない——。毒性学の世界的権威が明かす「最も恐れられる兵器」の実態。そして、今後の日本が取るべき方針とは、一体どのようなものなのか？　緊急寄稿「新型コロナウイルスの病原はどこか」も収録！

人が集まる街、逃げる街
牧野知弘

タワマン群が災害時の脆弱性を露呈し、新型コロナ禍では、通勤の概念が崩れ価値が低下した「都心」。一方、「郊外」は新しい試みで人気を高めている。不動産分析の第一人者が人々を惹きつける街の魅力、その要因を解き明かす！

KADOKAWAの新書 ✿ 好評既刊

探偵の現場
岡田真弓

売り上げで業界日本一の総合探偵社MRに来る依頼の約8割は、「不倫調査」である。本書では不倫をした・された人たちのその後、調査の全貌など、一般人には想像もつかない、探偵たちだけが知っている、生々しい現場を解説！

イスラエルとユダヤ人
考察ノート

佐藤 優

なぜ、強国なのか⁉ なぜ、情報《インテリジェンス》大国の地位を占め続けられるのか？ 世界の政治・経済エリートへの影響力が大きい国にもかかわらず、その実態は知られていない。世界の鍵となる国の内在論理とユダヤ人の心性を第一人者が解き明かす！

親子で考える「がん」予習ノート
一石英一郎

２０２０年度から小学校で「がん」授業が始まる。日本人の2人に1人が「がん」になる時代。しかし、5年相対生存率は6割を超えている。「がん」は不治の病から共生する病に変わりつつある。「がん」の予習を始めるのは今だ。

ハーバード流「聞く」技術
パトリック・ハーラン

相互理解は巧みな聞き方から始まる！ 「聞く（hear）」「聴く（listen）」「訊く（quest）」といった様々な聞き方を解説し、人生のあらゆる場面に「効く」ものにする技術を紹介！ 「バイアス」の外し方、「批判的思考」の鍛え方も伝授。

ザ・スコアラー
三井康浩

侍ジャパンの世界一、読売巨人軍の日本一を支えた一人のスコアラーがいる。配球、打者の癖、対策への適応方法、外国人の評価ポイントなどプロの視点をすべて公開。野球にかかわる人間は必読の1冊。